“十二五”职业教育国家规划教材
经全国职业教育教材审定委员会审定

船舶原理

主编　张新光
主审　李　文

大连海事大学出版社

图书在版编目(CIP)数据

船舶原理 / 张新光主编. —大连 : 大连海事大学出版社, 2015. 1(2022.1 重印)
"十二五"职业教育国家规划教材
ISBN 978-7-5632-3124-9

Ⅰ.①船… Ⅱ.①张… Ⅲ.①船舶原理—职业教育—教材 Ⅳ.①U661

中国版本图书馆 CIP 数据核字(2014)第 312313 号

大连海事大学出版社出版

地址:大连市黄浦路523号 邮编:116026 电话:0411-84729665(营销部) 84729480(总编室)
http://press.dlmu.edu.cn E-mail:dmupress@dlmu.edu.cn

大连永盛印业有限公司印装 大连海事大学出版社发行

2015 年 1 月第 1 版 2022 年 1 月第 5 次印刷
幅面尺寸:184 mm×260 mm 印张:8
字数:196 千 印数:5001～7000 册

出版人:刘明凯

责任编辑:杨 森 责任校对:华云鹏
封面设计:王 艳 版式设计:解瑶瑶

ISBN 978-7-5632-3124-9 定价:21.00 元

前　言

船舶原理是研究船舶各种航海性能的一门学科，与船舶的使用效能和航行安全有着密切的联系。为适应职业教育和高端技能型人才培养模式以及培养方案改革，特修订本书，以满足高校船海工程制造维修及航海技术等专业的教学和培训需求。

本书列入"十二五"职业教育国家规划教材，本次修订注重贴近造船生产和航运经营实践，选用了大量实际在航船舶资料和图纸，可以有效避免理论与实践的偏离。同时，书中主要图纸、资料、数据选自同一散货船船舶资料，确保全书的统一性和完整性。本书大量补充并更新了各章习题，提高习题与章节内容的匹配程度和针对性，便于师生教学掌握。本书采用国际和国内最新法规、公约要求，确保了教材的高质量、严标准。从应知应会和提高分析处理在设计、建造、营运船舶中遇到实际问题的能力角度出发，对教材各章节做了归纳和整合，使之更好地与专业课衔接。

本书力争语言文字严谨规范、插图选择得当、图标准确，通过课程学习学生能够较快地熟悉船舶基础知识。教材注重实用性，与专业内其他相关课程教材匹配良好。教材力求体现职业教育特点，详略得当，难易适中，内容充实。内容编排上符合高职类学生认知特点，把船体性能描述与船舶营运实际有机结合，便于学生的理解和掌握。该教材围绕为培养学生分析问题和解决问题的能力这一主线精心构思、精心设计，在教学内容及其编排上，体现了应用型人才培养要求。教材内容详实严谨，重点突出，结构合理，符合相关专业对知识能力的教学和培训需求。

本教材共七章。第一章船体几何要素及近似计算部分介绍了船舶主尺度、船型系数、型线图和船体近似计算；第二章浮性包括：船舶在静水中的平衡条件及浮态、船舶重量及重心计算、航区水密度对吃水的影响和储备浮力及载重线标志等；第三章稳性讲解了初稳性、静水力曲线图，以及载荷变动对稳性及浮态的影响、大倾角横稳性及静稳性曲线、动稳性、稳性规范及稳性调整措施等；第四章抗沉性包括船舶分舱，破损稳性计算和船舶抗沉能力分析；第五章船体强度包含总纵弯矩和剪力计算，弯应力计算及强度校核；第六章阻力与推进对阻力、螺旋桨工作原理、螺旋桨空泡、功率传递和推进效率，以及螺旋桨设计予以讲解；第七章船舶摇荡介绍了横摇、船舶减摇措施和装置；附录1是纵倾及稳性计算；附录2是典型工况下的稳性衡准及强度校核。

本书由青岛远洋船员职业学院张新光主编。其中，张俊编写第四章，郑振豪编写第六章，张新光编写其余章节和附录部分。全书由李文主审。在编写过程中我们得到了很多院校、船舶设计公司和航运企业的支持和帮助，在此表示由衷的感谢。

编　者

2013 年 12 月

目　录

第一章 船体几何要素及近似计算

船体的几何形状对于船舶的航行性能和使用性能有很大的影响，近似计算方法是船舶静力学的计算基础。本章中所述的船体几何形状是指最上层连续甲板以下的船体表面形状，包括水上部分和水下部分。本章用主尺度、船型系数、船体型线图等要素来全面表述船体几何形状的确切概念，然后介绍船体的近似计算方法。

第一节 船舶主尺度

船体的外形是利用三个基本平面（中线面、中站面、基平面）作为确定依据的，如图 1-1 所示。

一、船体的三个互相垂直的剖面

由三个基本平面与船体相交，得到三个互相垂直的剖面。中线面上的船体剖面称为中纵剖面。中纵剖面是通过船体上甲板中线的垂向平面，它把船体分为左、右舷两个对称的部分。中站面上的船体剖面称为中横剖面，中横剖面是通过船长中点（垂线间长中点）的横向中垂剖面，它把船体分为前后两部分。基平面是通过船长中点龙骨上缘的水平面，上移到设计吃水高度时与船体的相交面称为设计水线面。设计水线面是船舶在规定的设计载荷下所漂浮的水平面，它把船体分为水上和水下两部分。

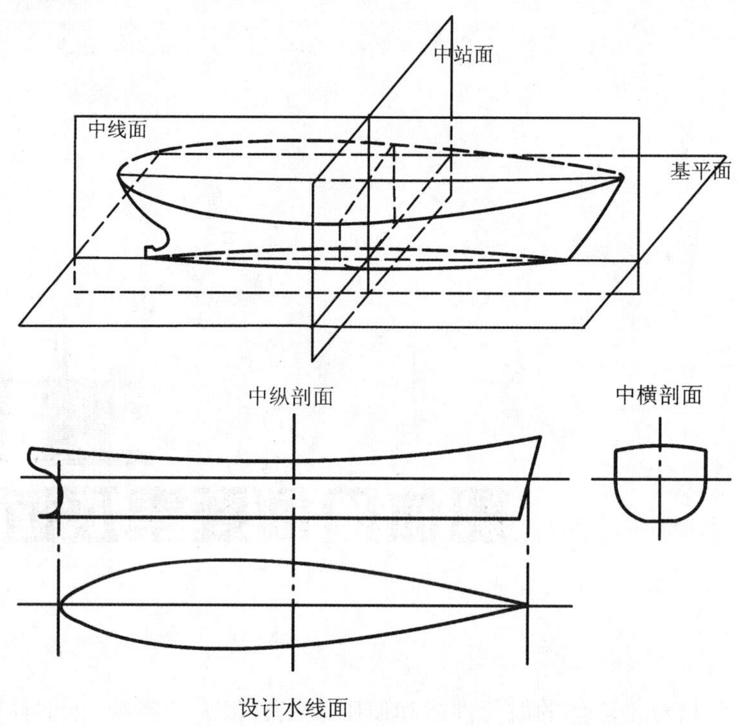

图 1-1　三个互相垂直的剖面

1. 中纵剖面(central longitudinal section)

中纵剖面反映了船体的侧面形状,表示出甲板线、龙骨线以及首、尾部的轮廓线。甲板线分直线型和舷弧型两种。舷弧(sheer)是沿船长各处的甲板边线高度与在船中部甲板边缘处作与水线面平行的水平切线间的高度的差值。海洋船舶的甲板线一般是一条自船中分别向首、尾两端升高的曲线,在艏垂线处的差值为艏舷弧,艉垂线处的差值为艉舷弧。目前不少船舶常采用标准舷弧,其公式为:

$$\text{艏舷弧高度} = 1.666L + 50.8$$

$$\text{艉舷弧高度} = 0.833L + 25.4$$

首部甲板抬高是因为要防止上浪,保持船首甲板干燥以便于水手操作和保证安全。现代大型船舶由于船体巨大,上层甲板高出水面甚多,已使舷弧不再必要,为了简化工艺,多采用平甲板。

一般运输船和军舰的龙骨线是水平的,这样便于制造和进坞修理。拖船和渔船的龙骨线一般都做成向尾倾斜的,这样就可以装置较大直径的螺旋桨而增大船的推力,如图 1-2(b)所示。潜水艇是为了改善其回转性,因而减小首、尾两端的侧面积,把甲板和龙骨都做成弧形。有些快艇的船底则做成阶梯形,使船舶在高速航行时产生水动力将船舶升举而在水面滑行,如图 1-2(c)所示。

现代大多数船舶有向前倾斜的艏柱,下端呈圆弧形。这种船首不仅外形美观,而且增大了船首甲板面积。近年来有不少船舶为了改进船舶的适航性,把艏柱的下部做成球鼻形,这就是所谓球鼻艏。也有些船舶为了减小船体水下外壳表面的面积和改善船首处的水流而把船首做成斜削形。破冰船的船首形状是显著的斜削形,那是为了使船首能冲上并压碎冰层。军舰的艏柱和龙骨相接处几乎没有圆弧，这是为了便于装设扫雷工具。

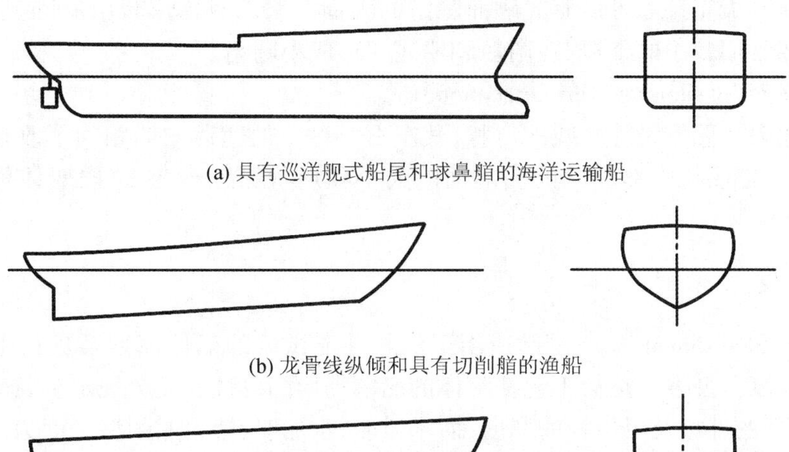

(a) 具有巡洋舰式船尾和球鼻艏的海洋运输船

(b) 龙骨线纵倾和具有切削艏的渔船

(c) 船底为阶梯形的快艇

图 1-2　船体轮廓的形状

现代船舶多采用巡洋舰式船尾，这不仅是为了获得较好的尾部水流，改进船舶的速航性，而且对舵也起了较好的保护作用。巡洋舰式船尾的形式很多，军舰为了改善快速性和回转性，把船尾伸出较长且下部切削较多。方形尾也是巡洋舰尾的一种，使甲板尾端的形状便于布雷、撒网，因此为某些舰艇和渔船所采用。同时方形尾也简化了制造工艺，所以目前也为一些运输船舶所采用，如图 1-2(a)所示。

2. 中横剖面(midship section)

船舶的横剖面是左右对称的，它由横梁线、舷侧线和船底线组成，如图 1-3 所示。

为了迅速排除甲板积水，船舶的甲板从中线逐渐向两舷下降，下降度称为梁拱(camber)，幅度约为船宽的 2%。

船舶的舷部有垂直的，有向舷内倾斜的，称为内倾(tumble home)，也有向舷外展开的，称为外倾(flare)。

船底(ship bottom)有平底(flat bottom)和尖底(sharp bottom)两种。船底板从龙骨板向左右延伸，如果沿水平方向延伸，则整个船底是水平的，称为平底船。许多内河船为了在最小的吃水有最大载重量而造成平底的。如果沿一定坡度向两舷延伸，则船底是倾斜的，称为尖底。船底的倾斜程度用船底板延伸线与横向基线的夹角表示，该角称为升角(angle of rise)。可用船底线与横向基线间在舷侧的距离来表示，该距离称为底部升高(rise floor)，其大小根据船型而异。形状丰满的货船其值较小，这样可增大货舱的容积。形状瘦削的船舶一般有较大的升角以减少水阻力以及配合较大的舭半径、升角和底部升高。

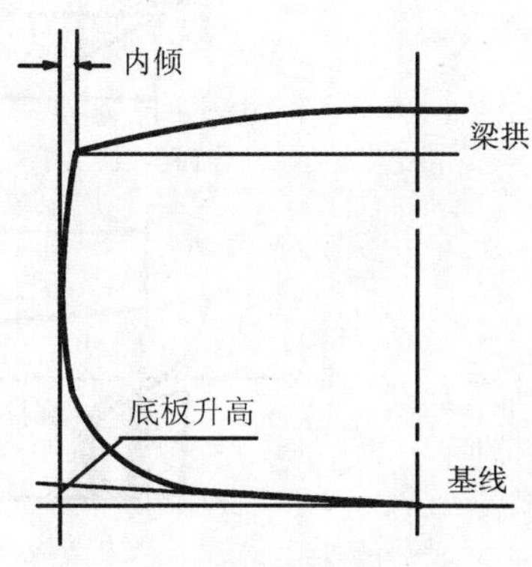

图 1-3　中横剖面

舷侧和船底的连接处称为舭部(bilge),货船舭部的形状多呈圆弧形。采用舭圆弧的目的是使舷侧板和船底板相接处可以有光顺而圆滑的表面。舭部具体形状由舭圆弧的半径决定。形状丰满的货船常用较小的半径,在两舷和船底间形成小圆角。

3. 设计水线面(designed waterline section)

设计水线面表示船舶设计水线的形状,其左右对称。低速运输船舶为了改善货舱的布置和简化制造工艺,把船长中部一段的横剖面的大小和形状保持不变,这段船体称为平行中体(parallel middle body)

二、型尺度

型尺度(moulded dimensions)是制造用于船舶性能试验的船体模型及进行主要航海性能计算用的船舶尺度。型表面是指不包括附体的船体外形的设计表面。规定金属船舶的型尺度不包括底部、舷部的外板及甲板板的厚度,而木质船、水泥船、塑料船的型尺度为外板和甲板板外表面的尺度。主尺度以米为单位,图 1-4 为金属船舶型尺度的定义。

船长 L_{BP}(length between perpendiculars):沿夏季载重水线,由艏柱前缘量至舵杆中心线的水平距离称为船长,对于某些有艉柱的船舶,则量至艉柱中用于支持舵的舵柱的后缘。由夏季载重线与艏柱前缘和舵杆中心线的交点作艏垂线和艉垂线,则艏垂线和艉垂线之间的水平距离即为船长。船长常称为垂线间长,有些资料中又称为两柱间长。通常将夏季载重水线作为设计满载水线。

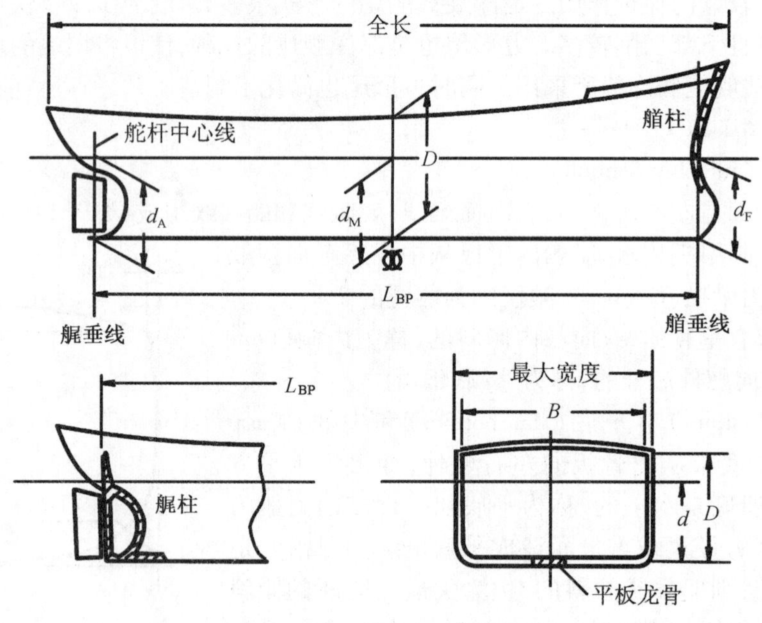

图 1-4 型尺度

型宽 B (moulded breadth):船体最宽处两舷外板内表面之间的水平距离称为型宽。一般船舶的船中(船长的中点)处就是最宽的部位。

型深 D (moulded depth):船长中点处,沿舷侧由平板龙骨上表面至甲板边板下表面的垂直距离称为型深。

型吃水 d (moulded draft):船长中点处,由平板龙骨上表面至夏季载重水线的垂直距离称为型吃水，如图 1-4 所示。

大中型船舶的设计状态一般为首尾吃水相同，而实际营运中首尾吃水常有差别。首尾吃水不同时，则由艏垂线上量取首吃水 d_F(fore draft)，由艉垂线上量取尾吃水 d_A(aft draft)。首尾吃水之差称为吃水差 t (trim)。通常用吃水差的大小表示船舶的纵倾(trim)程度。吃水差为正数表示船舶为首纵倾，负数表示船舶为尾纵倾。

$$t = d_F - d_A \tag{1-1}$$

首尾吃水的平均值称为平均吃水 d_M(mean draft)。如船体不发生纵向弯曲，船中处测量到的吃水即为平均吃水。

$$d_M = \frac{d_F + d_A}{2} \tag{1-2}$$

在船首、船中和船尾左右两舷的船体外面，分别标绘有观测吃水的水尺标志，以米或英尺为单位。在使用水尺标志观测吃水时，应注意下面两点：

(1)水尺标志表示的是实际吃水，它包括了平板龙骨的厚度。船长越大平板龙骨的厚度越大。

(2)水尺标志的位置距艏艉垂线和船长中点有时有一个不大的距离，精确计算(如用水尺计算装货重量)时，必须换算为规定位置的吃水。而进行一般航行计算和配载计算时，可将水尺标志观测到的吃水看作艏艉垂线和船中的吃水。

三、量吨尺度

《1969 年国际船舶吨位丈量公约》(International Convention on Tonnage Measurement of Ships, 1969 年发布，1982 年生效)规定了丈量船舶吨位时使用的主要尺度的定义。

长度：是指水线总长度的 96%，该水线位于自龙骨上面量得的最小型深的 85% 处；或者是指该水线从艏柱前面量到上舵杆中心的长度，两者取其较大者，如船舶设计具有倾斜龙骨，作为测量本长度的水线应平行于设计水线，如图 1-5 所示。

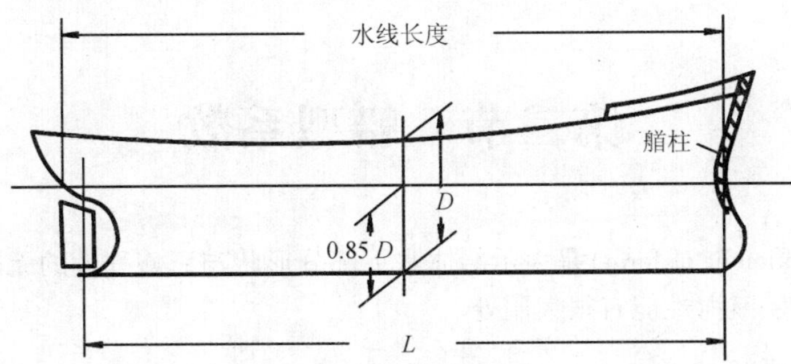

图 1-5　量吨尺度

宽度：是指船舶的最大宽度，对金属壳板的船，其宽度是在船长中点处量到两舷的肋骨型线，对其他材料壳板的船，其宽度在船长中点量到船体外面。

型深：是指从龙骨上面量到船舷处上甲板下面的垂直距离。

四、最大尺度

全长(length over all)：是指由船首最前端量到船尾最后端的水平距离。

最大宽度(extreme breadth):是指包括外板和永久性突出物在内的两舷最大横向水平距离。

最大高度(maximum height off light water plane):是指从空船水线面至固定桅顶最高点的垂直距离,又称桅顶高度。

安排船舶泊位时要考虑船舶的全长。船舶通过船闸及其他狭窄航道时,要考虑船舶最大宽度。船舶通过大桥时要考虑船舶的最大高度。

五、主尺度比

船舶的主尺度只表示船舶的大小,而为了研究船舶的性能,常用主尺度比来粗略地表示船舶几何形状特征,其大小与船舶的航海性能有密切关系。常用的主尺度比有长宽比 L/B、宽度吃水比 B/d、型深吃水比 D/d、船长型深比 L/D 以及长度吃水比 L/d 等。

1. 长宽比 L/B

一般是指垂线间长与型宽的比值。该比值越大,船体越瘦长,其快速性和航向稳定性越好,但港内操纵不灵活。

2. 宽度吃水比 B/d

一般是指型宽与型吃水的比值。该比值越大,船体宽度大,船舶稳性好,但横摇周期小,耐波性变差,航行阻力增加。

3. 型深吃水比 D/d

是指型深与型吃水的比值。该比值越大,干舷越高,储备浮力大,抗沉性好,舱室容积增大,重心提高。

4. 船长型深比 L/D

是指垂线间长与型深的比值。该比值大对船舶强度不利。

5. 长度吃水比 L/d

一般是指垂线间长与型吃水的比值。该比值大,船舶的操纵回转性能变差。

第二节　船型系数

船型系数(coefficient of form)是表示船体水下部分形状与肥瘦程度的无因次系数,这些系数对分析船型和船舶航海性能有很大用处。

一、水线面系数 C_w(water plane coefficient)

水线面系数是水线面面积 A_w 与船长、型宽组成的长方形面积之比,如图 1-6(a)所示。

$$C_w = \frac{A_w}{LB} \tag{1-3}$$

二、中横剖面系数 C_m(midship section coefficient)

中横剖面系数是船体水面以下中横剖面面积 A_m 与边长为型宽 B 及吃水 d 的长方形面积

之比，如图 1-6(b)所示。

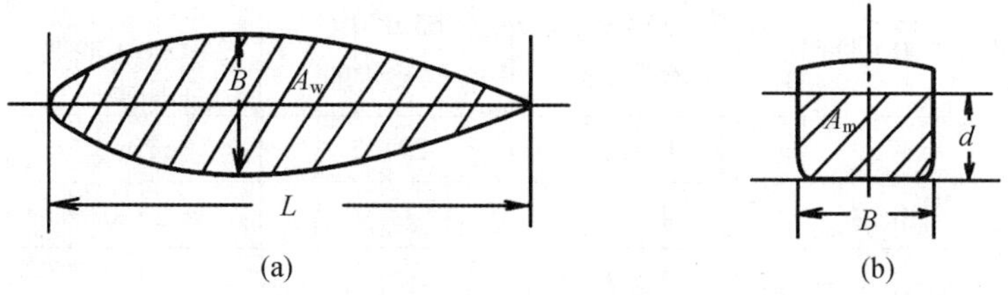

图 1-6 水线面系数

$$C_m = \frac{A_m}{Bd} \tag{1-4}$$

三、方形系数 C_b(block coefficient)

方形系数是船体水下体积 V 与边长为船长 L、型宽 B 和吃水 d 的长方体的体积之比，如图 1-7 所示。

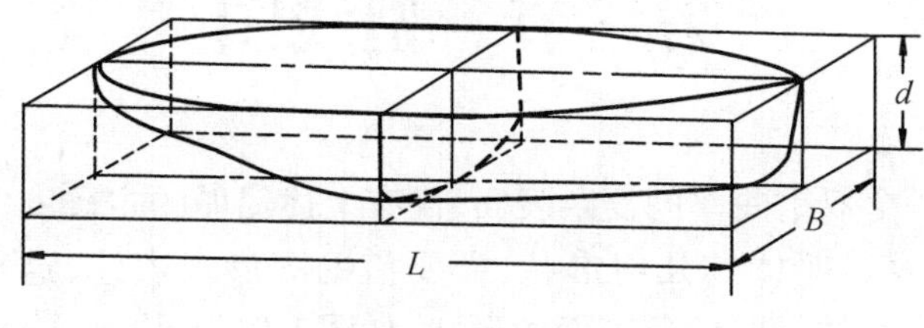

图 1-7 方形系数

$$C_b = \frac{V}{LBd} \tag{1-5}$$

四、棱形系数 C_p(prismatic coefficient)

棱形系数是船体水下体积 V 与边长为船长 L 乘以中横剖面面积 A_m 的柱体体积之比，如图 1-8 所示。

$$C_p = \frac{V}{LA_m} \tag{1-6}$$

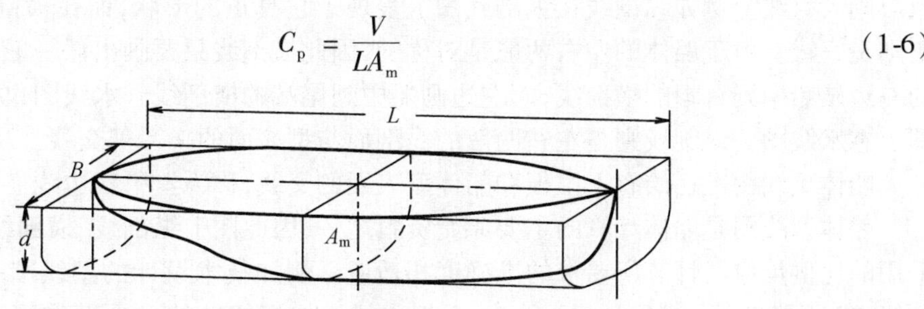

图 1-8 棱形系数

C_p的大小表示了排水体积沿船长方向的分布情况。

快速船船体比较尖瘦，船型系数较小；低速船船体比较丰满，船型系数较大。不同吃水时的船型系数的变化曲线，列于船舶静水力曲线图中。表 1-1 是我国建造的几艘船舶的主尺度及船型系数。

表 1-1 部分船舶主尺度及船型系数

		12 000 t 货船	7 500 t 远洋客货船	65 000 t 散装货船	24 000 t 油船	16 000 t 煤矿船
主尺度	L(m)	147.0	124.0	221.5	170.0	153.0
	B(m)	20.4	17.6	32.9	25.0	22.0
	D(m)	12.4	10.9	17.2	12.6	13.0
	d(m)	8.2	6.0	11.7	9.5	8.8
船型系数	C_b	0.678	0.571	0.864	0.776	0.765
	C_m	0.984	0.948	0.997	0.992	0.993
	C_p	0.689	0.603	0.867	0.782	0.770

第三节　型线图

船体外形表面是一个双重曲率的复杂表面，仅有上述船舶的主尺度、主尺度比和船型系数仍不能准确而完整地表达船体的几何形状，需要借助图形来表达，这种图称为船体型线图(lines plan)。型线图表达的是船体型表面的形状，如图 1-9 所示。

为了做出船体型线图，我们可以使用前面叙述过的三个主要相互垂直平面作为基准，分别做出与三个平面平行的一系列彼此等距离的纵向平面、横向平面和水线面，则这些平面与船体型表面相交的曲线相应称为纵剖线、横剖线和水线。这三组曲线分别投影到纵剖面、中横剖面和设计水线面上就相应得到如图 1-9 所示的纵剖线图、横剖线图和半宽水线图，它们组成船体的型线图。

每一条曲线在一组主要剖面上的投影表现了它的真正形状，而在其他两个主要剖面上的投影则为直线。例如纵剖线在纵剖线图上表现了它真正的形状，而在横剖线图和半宽水线图上则是直线。由于船体的左右两舷是对称的，因此横剖线只要画出任一舷侧即可，在横剖线图的右边画船中到首端的横剖线，而左边画船中到尾端的横剖线。水线图也只要画出一半即可，即半宽水线图。纵剖线则是左右两舷的纵剖面与型表面的一系列交线。

船体型线图上还绘有上甲板和船体型表面的交线，称为上甲板边线。

船体型线图是船体计算的主要原始资料之一，因此图上纵剖线、横剖线和水线的数目以及采用的比例尺应与计算所要求的准确度相适应。例如技术设计的型线图一般绘有 2 ~ 4 根纵剖线，20 根横剖线(或称站号)和 7 ~ 9 根水线。根据船舶的大小而采用 1/100、1/50 和 1/25 的比例尺。

纵剖线、横剖线和水线虽然分别画在三个投影面上，但它们的位置却都是互相对应的，也就是在任何投影面上的任何一点都应能在另两个投影面找到它的相对应点。

主尺度
L=147 m
B=20.4 m
D=12.4 m
d=8.2 m
C_w=0.794
C_m=0.984
C_b=0.670
舷墙顶线
艏楼甲板边线
上甲板边线
设计水线
基线
中心线
横剖线图
纵剖线图
半宽水线图
12 000
9 600
8 200
7 200
4 800
2 400

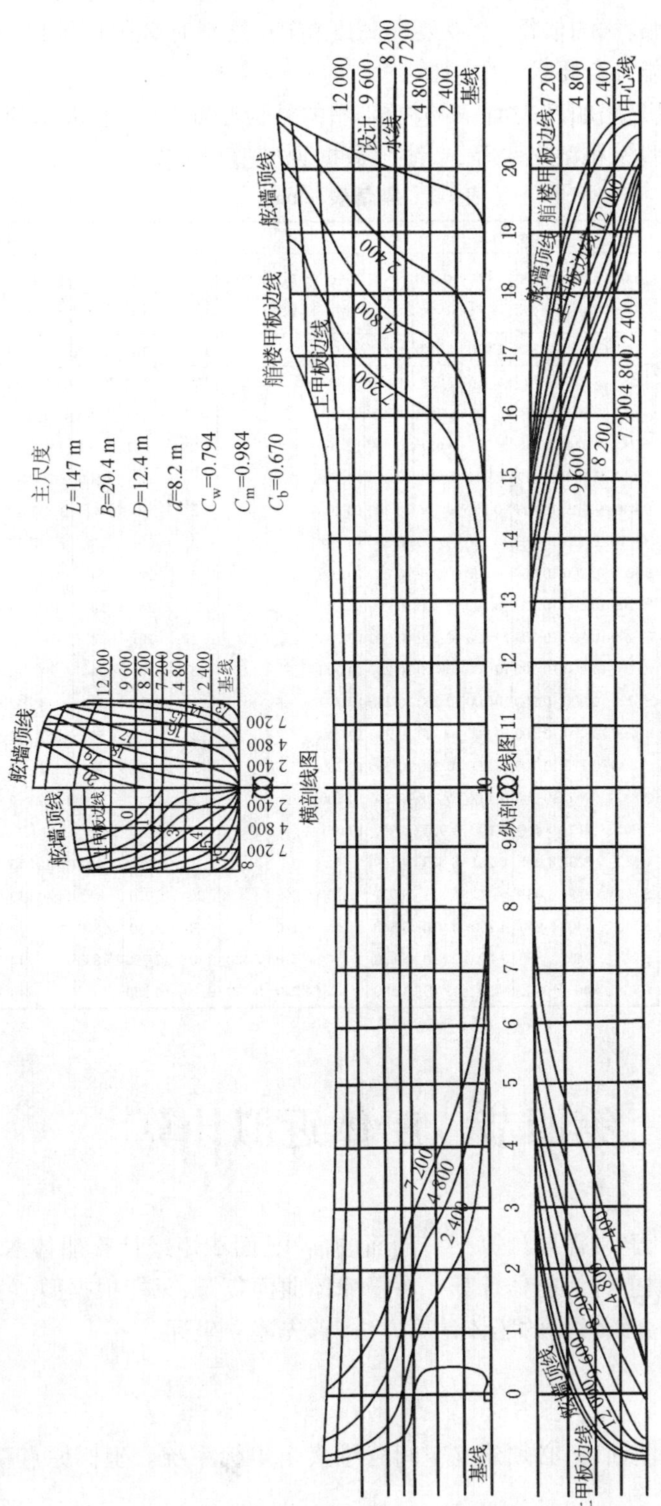

图1-9 型线图

型线图是船舶设计、计算、建造和放样的基准图，它完整而准确地反映出船体真实形状。它是设计、计算、建造和放样的依据，所以要求高度精确，绘制时必须仔细校核，必须使图纸清晰、线条光顺、准确，才能符合要求。

型线图所表示的只是船舶型表面，不包括船舶的外板厚度，所以它表示的尺寸都是型尺度尺寸，例如船长、型宽、型深和型吃水等，型线图数据见型值表 1-2。

表 1-2　型值表（mm）

站号	基线	半宽													高度							
		1 200 水线	2 400 水线	3 600 水线	4 800 水线	6 000 水线	7 200 水线	8 400 水线	9 600 水线	10 800 水线	上甲板	舷墙	艏楼	艏楼舷墙	1 200 纵剖线	3 600 纵剖线	6 000 纵剖线	8 400 纵剖线	上甲板	舷墙	艏楼	艏楼舷墙
0							496	2 305	3 980	4 983	6 592	6 939			7 555	9 226	12 525		13 880	14 980		
1	275	573	801	954	1 097	1 583	3 320	4 865	6 386	7 238	8 432	8 707			5 291	7 370	9 186	13 490	13 586	14 686		
2	410	1 434	2 054	2 553	3 210	4 238	5 804	6 974	8 098	8 708	9 495	9 690			865	5 343	7 350	10 142	13 325	14 425		
3	680	2 691	3 724	4 638	5 632	6 745	7 844	8 568	9 261	9 627	10 400	10 160			208	2 242	5 218	7 940	13 103	14 203		
4		4 449	5 804	6 860	7 743	8 517	6 150	9 559	9 905	10 070	10 200	10 200			13	680	2 606	5 804	12 919	14 019		
5		6 412	7 691	8 477	9 063	9 496	9 825	10 011	10 152	10 196	10 200	10 200			2	136	942	3 463	12 766	13 866		
6		8 188	9 101	9 555	9 830	10 016	10 133	10 183	10 200	10 200	10 200	10 200			2	29	226	1 398	12 640	13 740		
7		9 378	9 892	10 088	10 175	10 200	10 200	10 200	10 200	10 200	10 200	10 200			2	28	54	461	12 540	13 640		
8		9 809	10 171	10 200	10 200	10 200	10 200	10 200	10 200	10 200	10 200	10 200			2	28	54	169	12 462	13 562		
9		9 958	10 200	10 200	10 200	10 200	10 200	10 200	10 200	10 200	10 200	10 200			2	28	54	99	12 407	13 507		
10		9 958	10 200	10 200	10 200	10 200	10 200	10 200	10 200	10 200	10 200	10 200			2	28	54	99	12 400	13 500		
11		9 877	10 190	10 200	10 200	10 200	10 200	10 200	10 200	10 200	10 200	10 200			2	28	54	114	12 452	13 522		
12		9 610	10 066	10 179	10 200	10 200	10 200	10 200	10 200	10 200	10 200	10 200			2	28	54	263	12 451	13 645		
13		9 148	9 722	9 958	10 075	10 135	10 182	10 200	10 200	10 200	10 200	10 200			2	28	54	552	12 671	13 772		
14		8 384	9 049	9 418	9 669	9 847	9 967	10 040	10 106	10 148	10 200	10 200			2	28	79	12 222	12 837	13 935		
15		7 239	7 976	8 429	8 775	9 005	9 267	9 416	9 600	9 731	9 959	10 061			2	28	340	3 510	13 054	14 154		
16		5 634	6 438	6 930	7 296	7 582	7 823	8 015	8 281	8 533	9 169				2	179	1 640	10 181	13 342	14 454		
17		3 764	4 520	4 984	5 333	5 598	5 859	6 083	6 441	6 821	8 027		8 999		20	1 020	7 840	14 445	13 687		16 005	
18		2 000	2 650	3 040	3 320	3 540	3 730	3 960	4 350	4 920	6 560		8 140		530	6 250	12 800		13 900		16 240	16 330
19		950	1 520	1 920	2 140	2 220	1 950	1 850	2 290	2 810	4 850		6 570	7 480	1 650	12 200	15 850		14 250		16 600	17 720
20		130	720	1 230	1 480	1 408	840	390	420	570	2 570		4 220	5 340	3 450	16 250			14 780		17 130	18 220

第四节　船体近似计算

在船舶性能计算中，经常需要计算某一剖面的面积、面积矩或计算船体水下部分的体积、体积矩等，这些计算习惯上称为船体计算。由于船体曲面复杂，只能根据型值表提供的数据进行近似计算。本节主要介绍常用的船体计算方法，首先建立坐标。

一、船体坐标

船体表面是复杂的曲面体，必须建立空间三维直角坐标系统。坐标原点一般取在船中基线处，如图 1-10 所示。

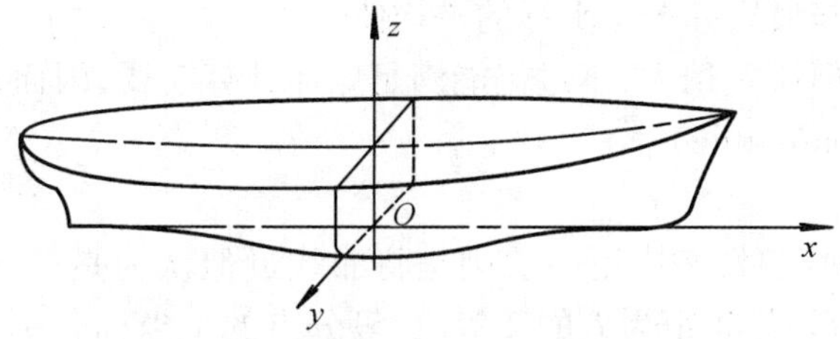

图 1-10　船体坐标

在以船中基线处为原点的坐标系统中，将中线面与基平面的交线（即基线）作为 x 轴，船舶中前为正，中后为负。将中站面与基平面的交线定为 y 轴，右舷为正，左舷为负。将中站面与中线面的交线定为垂向的 z 轴，基线以上为正，基线以下为负。在这个空间直角坐标系统中某一点的坐标可用 (x,y,z) 一组数值表示，如船舶重心点 G 的坐标为 $G(x_g,y_g,z_g)$。

二、近似计算法则

如曲线的函数表达式为 $y = f(x)$，则可用定积分计算曲线下的面积 $OCBb$。

$$\text{面积 } OCBb = \int_0^b y\mathrm{d}x$$

船体曲面都不能用函数式表示，曲线下面积的计算只能采用近似计算方法。常用近似计算法则主要是梯形法则及辛氏法则。

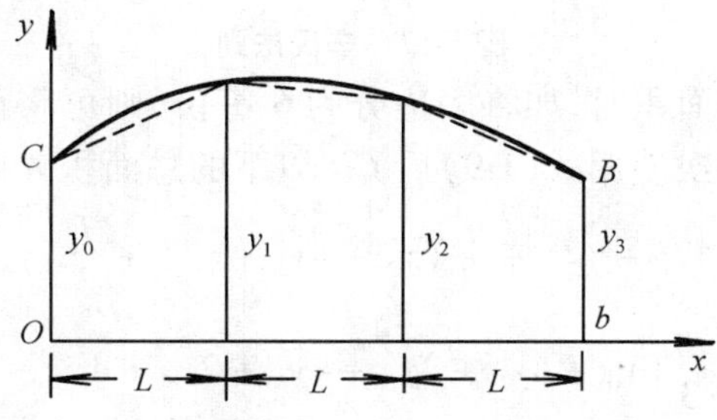

图 1-11　梯形法则

1. 梯形法则

梯形法则是沿 x 轴方向将面积的底边 Ob 等分为若干等份。其公共间距为 L。如分为 3 等份并量得各等分点的 y 坐标为 y_0、y_1、y_2、y_3，如图 1-11 所示。然后将每一段曲线分别近似认为是直线，由此组成的几个梯形面积的总和就是面积 $OCBb$ 的近似值，用 A 表示面积 $OCBb$，同样可列出底边分为 n 等分时曲线下面积 A_n 的一般计算公式为

$$A_3 = \frac{L}{2}(y_0 + y_1) + \frac{L}{2}(y_1 + y_2) + \frac{L}{2}(y_2 + y_3)$$

$$= L(y_0 + y_1 + y_2 + y_3 - \frac{y_0 + y_3}{2}) \tag{1-7}$$

$$A_n = L(y_0 + y_1 + y_2 + y_3 + \cdots + y_n - \frac{y_0 + y_n}{2}) \tag{1-8}$$

式中等分数 n 为任何正整数。

梯形法则公式的特点是：括号前是公共间距 L，括号内是每一个 y 坐标之和减去修正量，

修正量是第一个 y 坐标与最后一个 y 坐标的平均值。

梯形法则公式简单但误差稍大，不过仍能满足船体计算需要，因而常被计算人员采用。

2. 辛氏法则(Simpson's rule)

(1)第一法则：

计算曲线 CB 下的面积时，辛氏第一法则是将曲线近似认为是二次函数曲线。如将曲线 CB 下的面积的底边分为公共间距为 L 的 2 等份，等分点的 y 坐标分别量得为 y_0, y_1, y_2。可推导出如下计算曲线下面积 A 的近似计算公式

$$A = \frac{L}{3}(y_0 + 4y_1 + y_2) \tag{1-9}$$

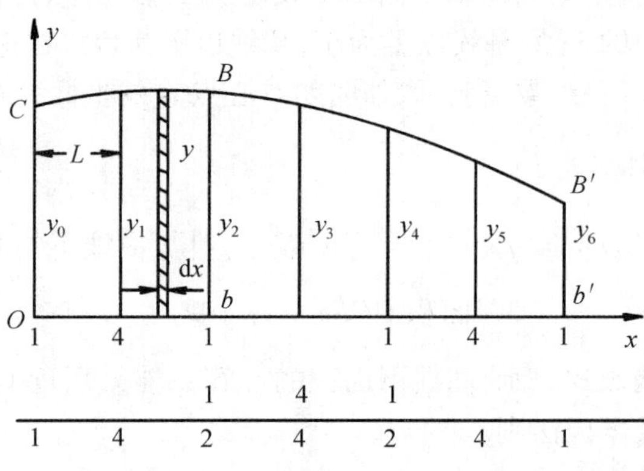

图 1-12　辛氏法则

在计算曲线 CB 以下的面积时，如将底边分为 6 等份，则可将面积分为三部分，每一部分包含两个公共间距 L。分三次使用式(1-9)后 CB' 以下的总面积 A 的计算公式如下

$$A = \frac{L}{3}(y_0 + 4y_1 + y_2) + \frac{L}{3}(y_2 + 4y_3 + y_4) + \frac{L}{3}(y_4 + 4y_5 + y_6)$$

$$A = \frac{L}{3}(y_0 + 4y_1 + 2y_2 + 4y_3 + 2y_4 + 4y_5 + y_6)$$

必须注意到，分几组计算面积时，分界线处的 y 坐标必须在前后两组中重复使用，分别作前一组的后边界和后一组的前边界。上式中括号内各项的系数分别是 1、4、2、4、2、4、1，如图 1-12 所示，按照这个规律可以列出底边分为 n 等份时曲线下面积 A_n 的一般计算公式，见式(1-10)。式中 n 可为任何偶数。

辛氏第一法则公式的特点是：括号前是公共间距 L 的 1/3，括号内是包含各等分点 y 坐标的各项之和，各项系数分别是：1、4、2、4、2、4……4、1。

$$A_n = \frac{L}{3}(y_0 + 4y_1 + 2y_2 + 4y_3 + \ldots + 4y_{n-1} + y_n) \tag{1-10}$$

(2)第二法则：

第二法则是将曲线近似认为是三次函数曲线。如将曲线 CB 下面积的底边分为 3 等份，公共间距为 L。分别量得各等分点的 y 坐标为：y_0、y_1、y_2、y_3，则可以推导出如下曲线下面积 A 的计算公式

$$A = \frac{3L}{8}(y_0 + 3y_1 + 3y_2 + y_3) \tag{1-11}$$

当计算 CB' 曲线下的面积时，如将底边分为两组分别使用式(1-11)，则总面积 A 的计算式如下

$$A=\frac{3L}{8}(y_0+3y_1+3y_2+y_3)+\frac{3L}{8}(y_3+3y_4+3y_5+y_6)$$

$$A=\frac{3L}{8}(y_0+3y_1+3y_2+2y_3+3y_4+3y_5+y_6)$$

必须注意到，即使 y_6 为 0，仍应作为一个坐标数值代入公式。按上述规律，可以列出底边分为 n 等分、公共间距为 L 时，曲线下面积 A_n 的一般计算公式

$$A_n=\frac{3L}{8}(y_0+3y_1+3y_2+2y_3+3y_4+\cdots+3y_{n-1}+y_n) \tag{1-12}$$

式中 n 可为任何 3 的倍数。辛氏第二法则公式的特点是：括号前为公共间距 L 的 3/8，括号内是包含各等分点 y 坐标的各项之和，各项的系数分别是：1、3、3、2、3、3、……2、3、3、1。

以上三种近似计算法则都能用于船体计算，但根据不同要求还可以有所选择。

(1)进行简单计算时选用梯形法则。

(2)进行精确计算时选用辛氏法则。

(3)按等分数 n 选用不同法则。梯形法则可用于任何等分数。n 为偶数时用辛氏第一法则。n 为 3 的倍数时用辛氏第二法则。n 为不是 3 的倍数的奇数时，可将面积分为两部分，分别使用第一法则及第二法则联合计算。如 n 为 11 可分为 9 等份及 2 等份两部分，如 n 为 17 则可分为 9 等份及 8 等份两部分。

三、水线面面积计算及实例

某船 3 000 mm 水线面各站坐标如表 1-3 所列，$L=11.08$ m，计算该水线面面积。

表 1-3　3 000 mm 水线面各站横坐标

站号	y	辛氏乘数	乘积	站号	y	辛氏乘数	乘积
0	0	1	0	11	16.48	4	65.92
1	1.93	4	7.72	12	16.48	2	32.96
2	5.33	2	10.66	13	16.48	4	65.92
3	12.57	4	50.28	14	16.48	2	32.96
4	15.83	2	31.66	15	16.48	4	65.92
5	16.48	4	65.92	16	16.47	2	32.94
6	16.48	2	32.96	17	15.91	4	63.64
7	16.48	4	65.92	18	13.71	2	27.42
8	16.48	2	32.96	19	8.62	4	34.48
9	16.48	4	65.92	20	0	1	0
10	16.48	1	16.48	合计	271.65		802.64

用梯形法则：$A=11.08\times(271.65-0)\times2=6\ 019.76(\text{m}^2)$

用辛氏第一法则：$A=\frac{11.08}{3}\times802.64\times2=5\ 928.83\ (\text{m}^2)$

两种计算方法的结果仅相差1.5%。

四、船体排水量和浮心坐标计算

1.第一种算法

船舶水下体积某一横剖面面积为A_t,以$A_t \cdot dx$为x处横向垂直薄层的微体积,如图1-13所示。该微体积对中横剖面和水平基线面的静矩分别为$dM_x = xA_t dx$和$dM_z = zA_t dx$。于是排水体积及其静矩可通过纵向积分求出。积分下限取为$-0.5L$,上限取为$0.5L$,则水下体积V的积分式为

$$V = \int_{-0.5L}^{0.5L} A_t dx \tag{1-13}$$

则
$$M_x = \int_{-0.5L}^{0.5L} xA_t dx \text{ , } M_z = \int_{-0.5L}^{0.5L} zA_t dx$$

式中:$A_t = 2\int_0^d y dz$

相应的浮心坐标为

$$x_b = \frac{M_x}{V} = \frac{\int_{-0.5L}^{0.5L} xA_t dx}{\int_{-0.5L}^{0.5L} A_t dx} \tag{1-14}$$

$$z_b = \frac{M_z}{V} = \frac{\int_{-0.5L}^{0.5L} zA_t dx}{\int_{-0.5L}^{0.5L} A_t dx} \tag{1-15}$$

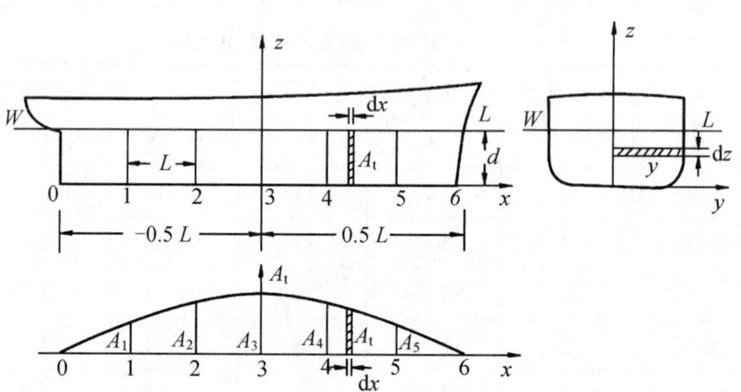

图1-13 横向计算法示意图

如将船长分为6等份,间距为L,用近似计算法可分别计算出每站的水下横剖面面积为:A_0、A_1、A_2、A_3、A_4、A_5、A_6。在以A_t及x为轴的坐标系中画出A_t曲线,可以发现A_t曲线下面积的积分式与式(1-10)完全相同。这个关系表明A_t曲线下的面积的数值等于按式(1-13)积分式计算得到的水下体积V的数值。这样就可以将计算面积的几种近似计算法则用于计算体积的数值。列出用近似计算法则计算水下体积的计算式

$$V = \int_{-0.5L}^{0.5L} A_t dx = \frac{L}{3}(A_0 + 4A_1 + 2A_2 + 4A_3 + 2A_4 + 4A_5 + A_6) \tag{1-16}$$

2. 第二种算法

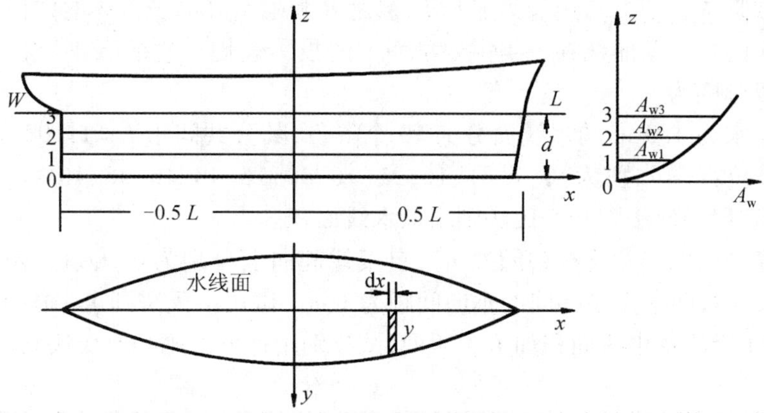

图 1-14　垂向计算法示意图

如水下体积的某一水线面为 A_w，则取体积元为 $A_w \mathrm{d}z$，由 0 到 d 积分，如图 1-14 所示。

$$V = \int_0^d A_w \mathrm{d}z \tag{1-17}$$

式中：$A_w = 2\int_{-0.5L}^{0.5L} y \mathrm{d}x$

同样可以得到浮心坐标计算公式

$$x_b = \frac{M_x}{V} = \frac{\int_0^d x A_w \mathrm{d}z}{\int_0^d A_w \mathrm{d}z} \tag{1-18}$$

$$z_b = \frac{M_z}{V} = \frac{\int_0^d z A_w \mathrm{d}z}{\int_0^d A_w \mathrm{d}z} \tag{1-19}$$

如将吃水 d 分为 3 等份，间距为 L，可用近似计算法则计算出每一个水线面的面积，分别为：A_{w0}、A_{w1}、A_{w2}、A_{w3}。在以 A_w 及 z 为轴的坐标系中绘出 A_w 曲线。可以发现曲线与 z 轴之间的面积的积分式与水下体积的积分式(1-17)完全相同。同样可用近似计算法则计算定积分式。

$$V = \int_0^d A_w \mathrm{d}z = \frac{3L}{8}(A_{w0} + 3A_{w1} + 3A_{w2} + A_{w3}) \tag{1-20}$$

用上述两种计算方法得到的水下体积和浮心坐标的数值应该完全相同。第一种方法适合于船舶纵倾状态下的计算，第二种方法适合正浮状态下的计算。

习　题

1. 船体外形是利用________、________、________三个基本平面作为确定依据的。
2. 沿________，由________量至________的水平距离称为船长。
3. 型线图表示的是船舶型表面，不包括________厚度。

4. 船体型线图由________、________和半宽水线图组成。

5. 方形系数是________与边长为船长 L、型宽 B 和吃水 d 的长方体的体积之比。

6. 型线图上的每一条曲线在一组主要剖面上的投影表现了它的真正形状，而在其他两个主要剖面上的投影则为________。

7. 将某船吃水为 4.0 m 的水线面分为 10 个等份，其公共间距 $L = 11.08$ m。自首向尾的半宽坐标值（单位：m）分别为：0、7.31、16.31、16.48、16.48、16.48、16.48、16.48、16.48、14.08、0。试分别用梯形法则和辛氏法则求该水线面积。

8. 某船中横剖面的半宽坐标（单位：m），自基线起向上分别为 6.99、12.96、14.85、15.83、16.31、16.47、16.48，两半宽坐标间的垂向间距为 1 m。试用辛氏法则求中横剖面面积。

9. 某 5 000 t 货船各水线面积如下表所列，试分别用梯形法则和辛氏法则求 6.0 m 水线以下的排水体积。

水线(m)	基线	0.4	0.8	1.2	1.6	2.0	2.4	2.8	3.2
水线面积 A_w(m^2)	0	980	1 123	1 165	1 200	1 225	1 240	1 258	1 268
水线(m)	3.6	4.0	4.4	4.8	5.2	5.6	6.0		
水线面积 A_w(m^2)	1 280	1 239	1 305	1 320	1 335	1 350	1 360		

10. 某散货船各水线面积如下表所列，试用辛氏法则求 10.5 m 水线以下的排水体积。

水线(m)	基线	1.5	3.0	4.5	6.0	7.5	9.0	10.5
水线面积 A_w(m^2)	0	5 774.9	6 021.7	6 195.8	6 367.1	6 547.3	6 729.7	6 905.9

11. 某船的船长为 54 m，宽 7.6 m，吃水 2.4 m。各站水线下的水线半宽值如下表所列，计算海水中的排水量？海水密度为 1.025 t/m^3。（提示：先计算横剖面面积）

站点	水线半宽(m)				
	0 m	0.6 m	1.2 m	1.8 m	2.4 m
0	0	0	0	0	0
1	0	0.49	1.56	2.14	2.32
2	0	2.00	3.11	3.36	3.48
3	0	3.02	3.66	3.78	3.80
4	0	1.71	2.74	3.36	3.36
5	0	0.61	0.98	1.28	1.71
6	0	0	0	0	0

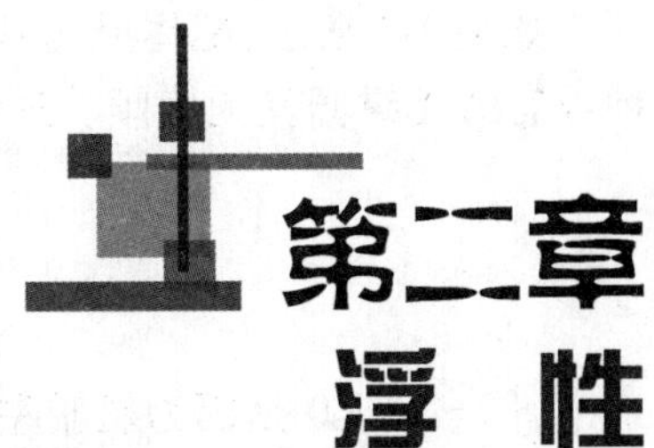

第二章 浮　性

浮性(floatability)是指船舶在给定载重条件下保持一定浮态(floating condition)的性能。

第一节　船舶在静水中的平衡条件及浮态

一、船舶在静水中的平衡条件

当船舶漂浮于水面时,在船舶与水接触的表面上各点都受到水压力的作用。水压力的方向均垂直于船体表面,如图 2-1 所示。由于船舶形状左右对称,故压力的水平分力左右抵消,压力的垂直分力相加的总和,即成为船舶受到的浮力。根据阿基米德原理,船舶在水中受到的浮力等于船舶所排开同体积水的重量,即船舶排水量,用 Δ 表示。它所排开水的体积称为排水体积,用 V 表示。当已知舷外水的比重为 ρ 时,则有 $\Delta=\rho V$。排水体积的中心也就是浮力的作用点在 B 点,称为浮心(center of buoyancy)。

除了水压力外,船舶还受到重力 W 的作用,重力是船体自身重量和它所装载重量的合重量。重力的合力作用点在 G 点,G 点即称为船舶的重心(center of gravity)。

船舶在静水中的平衡条件是重力和浮力大小相等,作用力方向相反,在同一条垂线上。用公式表示,即

$$\left.\begin{aligned} W &= \Delta = \rho V \\ x_g &= x_b \\ y_g &= y_b \end{aligned}\right\} \qquad (2\text{-}1)$$

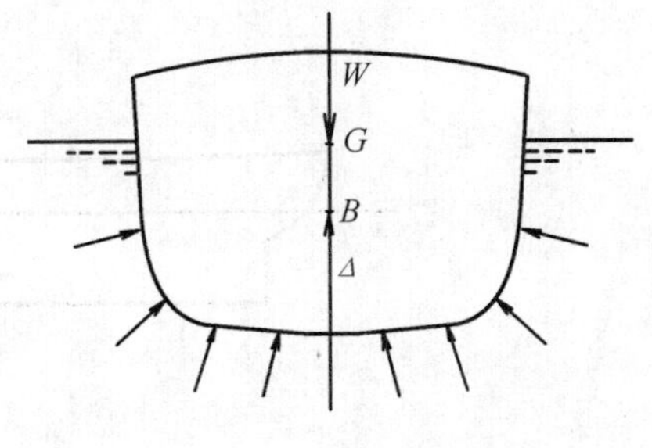

图 2-1　静水平衡状态

二、船舶浮态

船舶浮于静水时的平衡状态称为浮态。船舶的浮态有正浮、横倾、纵倾、横纵倾四种。这几种状态可以分别用吃水 d、横倾角 θ、纵倾角 φ 来表示。如果用坐标值(x_g, y_g, z_g)表示船舶的重心位置,用坐标(x_b, y_b, z_b)表示船舶浮心的位置,则可根据船舶四种浮态的平衡条件分别写出其平衡方程。

1. 正浮(level floating)

如图 2-2 所示,船体沿龙骨上缘的纵轴 ox 平行于水面,船舶的中纵剖面垂直于水面。这种浮态既无纵倾又无横倾。这种浮态的平衡方程式可表示为

$$\left.\begin{aligned} W &= \Delta = \rho V \\ x_g &= x_b \\ y_g &= y_b = 0 \end{aligned}\right\} \tag{2-2}$$

式中,$y_g = y_b = 0$ 是因为船舶左右舷对称,重心和浮心都在中线面上,所以这种浮态只要用吃水 d 一个参数来表示就可以了。

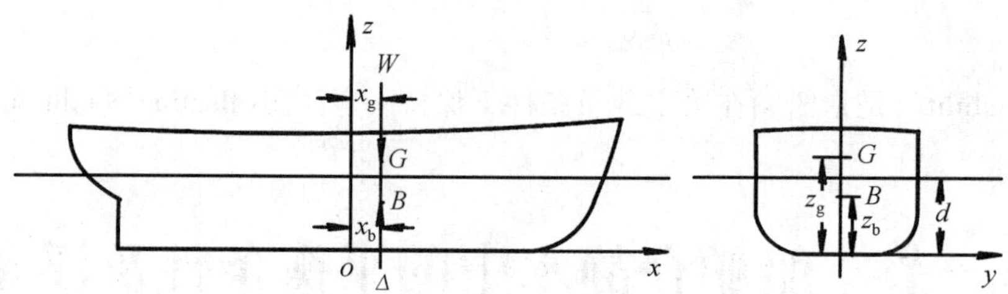

图 2-2 船舶的正浮平衡

2. 横倾(heel)

如图 2-3 所示,船体沿船底龙骨的纵轴 ox 是水平的,但船舶的中纵剖面与铅垂平面成一角度 θ,此角度称为横倾角(heel angle)。这种浮态的平衡方程式可表示为

$$\left.\begin{aligned} W &= \Delta = \rho V \\ x_g &= x_b \\ y_b - y_g &= (z_g - z_b)\tan\theta \end{aligned}\right\} \tag{2-3}$$

这种浮态需用吃水 d 和横倾角 θ 两个参数来表示。通常规定向右倾斜 θ 为正,向左倾斜 θ 为负。

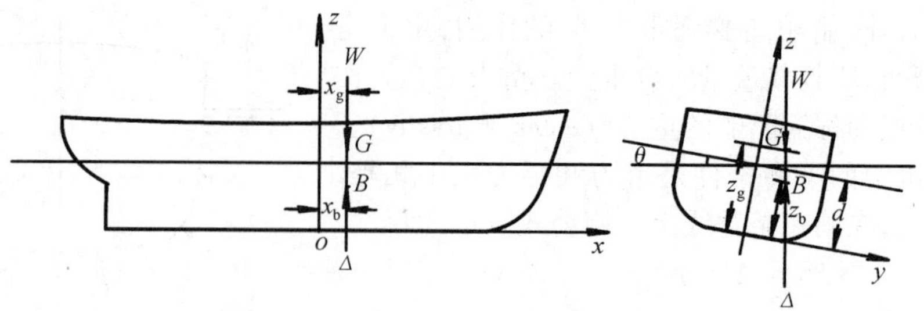

图 2-3 船舶横倾时的平衡

3. 纵倾(trim)

如图 2-4 所示,船体沿船底的纵轴 ox 是倾斜的,与水平线成一角度 φ,称为纵倾角(trim angle)。这种浮态的平衡方程式表示为

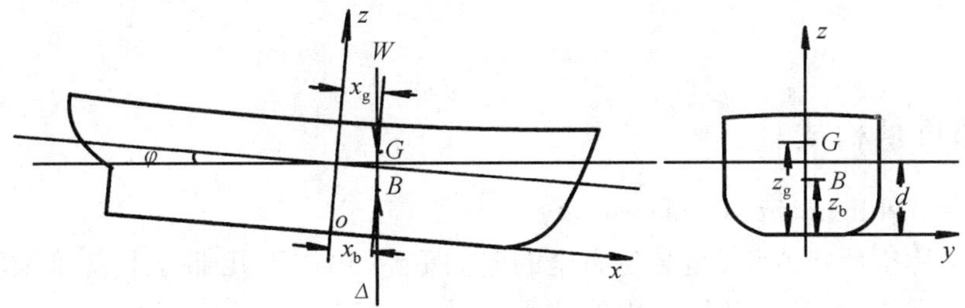

图 2-4　船舶纵倾时的平衡

$$\left.\begin{aligned} W &= \Delta = \rho V \\ y_g &= y_b = 0 \\ x_b - x_g &= (z_g - z_b)\tan\varphi \end{aligned}\right\} \tag{2-4}$$

这种浮态要用平均吃水 $d = (d_F + d_A)/2$ 和纵倾角 φ 两个参数来表示。通常规定艏倾 φ 为正,艉倾 φ 为负。

4. 横倾和纵倾并存

如图 2-5 所示,船体同时产生纵倾和横倾,其纵倾角为 φ,横倾角为 θ。这种浮态的平衡方程式可表示为

$$\left.\begin{aligned} W &= \Delta = \rho V \\ y_b - y_g &= (z_g - z_b)\tan\theta \\ x_b - x_g &= (z_g - z_b)\tan\varphi \end{aligned}\right\} \tag{2-5}$$

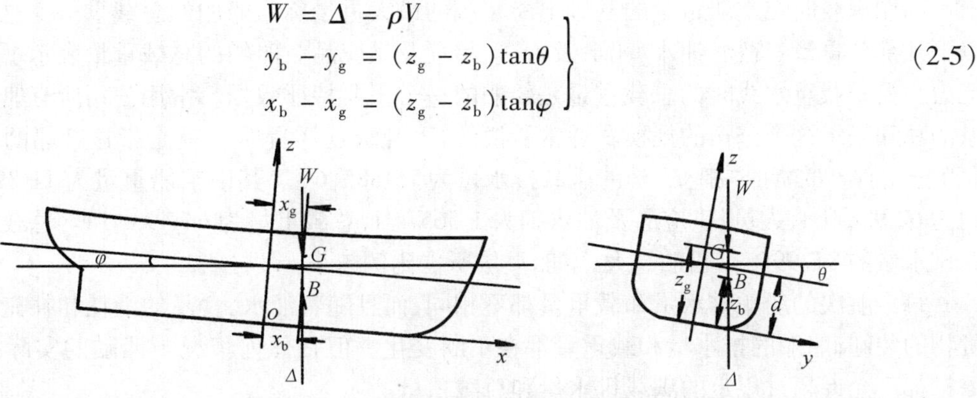

图 2-5　船有纵倾和横倾时平衡

这种浮态要用平均吃水 $d = (d_F + d_A)/2$ 和横倾角 θ 以及纵倾角 φ 三个参数来表示。

从以上浮态的讨论可知,浮性的问题就是要研究重力、重心和浮力、浮心的关系以及它们之间的变化规律和计算方法。

第二节　船舶重量及重心计算

一、船舶重量构成

1. 空船重量 W_0(light ship displacement)

空船重量又称空船排水量,是装备齐全的船舶重量,由以下几部分组成:船体结构的重量、各种设备仪器的重量、设备内及管系中的油水重量。

空船排水量的数值和空船重心位置坐标,在新船出厂时通过倾斜试验具体测定。从船舶资料中的"倾斜试验报告书"中可以查到。

2. 满载排水量 Δ(full load displacement)

船舶允许达到的最大排水量称为船舶的满载排水量。不同季节不同海区规定的满载排水量有一定的差别,通常将夏季载重水线下的满载排水量作为船舶的设计满载排水量,并作为船舶的特征数据。

船舶的满载排水量一般由以下几个部分组成:空船重量、货物、油水、船员、旅客及行李、粮食及供应品。

3. 总载重量 DW(dead weight)

船舶满载时在空船重量的基础上能装载的最大重量称为船舶的总载重量。总载重量包括以下几部分重量:货物、油水、船员及行李、粮食及供应品。船舶的总载重量表示了船舶的装载能力。夏季载重水线时的总载重量是船舶的一个重要特征数据。常用公司所有船舶的总载重量的总和表示这个公司的规模。通常所说的"万吨级远洋货船",就是指这艘船的总载重量为1万吨左右。散货船"鹏安"号的满载排水量为75 885.6 t。其中空船重量为11 392 t,载货量约为62 928.1 t,人员、供应品及油水等为1 565.5 t,总载重量为64 493.6 t。总载重量为船舶总排水量的84.99%。船舶越大,空船重量所占比例越小。

每个航次的船舶排水量和载重量都不相同,而且随着油水、食品的消耗和补充以及中途港货物的装卸,船舶的排水量和载重量都在不断变化。但在任何情况下船舶的实际排水量和载重量都不允许超过规定的满载排水量和总载重量。

二、船舶重量和重心计算

船舶的总重量为各部分重量的总和

$$W = W_0 + P_1 + P_2 + P_3 + \cdots + P_n = W_0 + \sum_{i=1}^{n} P_i \tag{2-6}$$

航次配载时的船舶重心计算,是在空船状态的基础上,计算装载规定数量的货物、计划数量的燃油淡水及其他重量后的船舶重心位置。

如图2-6所示,某船空船重量为 W_0 吨,空船重心坐标为 $G_0(x_{g0}, y_{g0}, z_{g0})$。已知各舱货物的重量及其重心坐标、各油水舱内的油水重量及其重心坐标、其他项目的重量及其重心坐标分别为:$P_1(x_1, y_1, z_1)$、$P_2(x_2, y_2, z_2)$、$P_3(x_3, y_3, z_3)$、…、$P_n(x_2, y_2, z_2)$。试计算船舶总重量 W 及其

重心 G 点的坐标 $G(x_g, y_g, z_g)$。

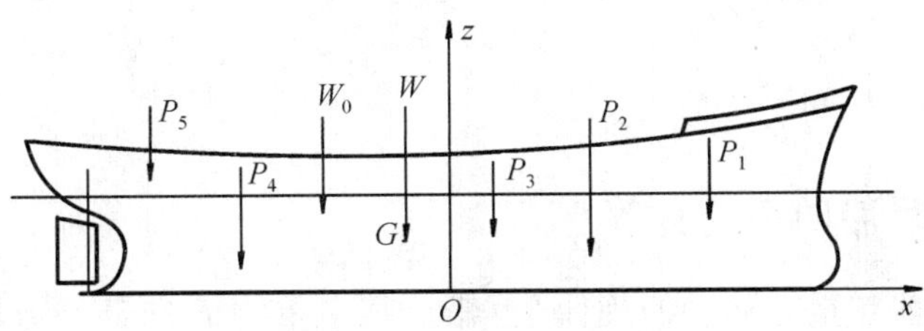

图 2-6 重量及重心

在 x 轴方向上，船舶总重量对通过坐标原点的 y 轴的力矩，应等于各部分重量对 y 轴力矩的总和：

$$Wx_g = W_0x_{g0} + P_1x_1 + P_2x_2 + P_3x_3 + \cdots P_nx_n = W_0x\,g_0 + \sum_{i=1}^{n} P_ix_i$$

$$x_g = \frac{W_0x_0 + \sum P_ix_i}{W_0 + \sum P_i} \tag{2-7}$$

同理：

$$y_g = \frac{W_0y_0 + \sum P_iy_i}{W_0 + \sum P_i} \tag{2-8}$$

$$z_g = \frac{W_0z_0 + \sum P_iz_i}{W_0 + \sum P_i} \tag{2-9}$$

式(2-7)、(2-8)、(2-9)就是船舶航次配载时使用的船舶重心坐标计算公式。船舶配载时，都尽量做到两舷对称装载，希望装载后船舶不产生横倾角，即设法使 $y_g = 0$。

例题 1：某船装载情况如下表所列，试计算装载后的船舶重心坐标。

项　目	重量(t)	力　臂　(m)			力　矩　(t·m)		
		x	y	z	Px	Py	Pz
空船重量	750	−1.5	0	4.5	−1 125	0	3 375
燃料	100	2.0	−1.0	3.0	200	−100	300
水	100	12.0	−0.5	1.0	1 200	−50	100
备品	25	−5.0	−2.0	8.0	−125	−50	200
No.1 货 舱	400	26.0	1.0	5.0	10 400	400	2 000
No.2 货 舱	600	14.0	0	4.5	8 400	0	2 700
No.3 货 舱	550	−18.0	−1.5	4.5	−9 900	−825	2 475
No.4 货 舱	350	−30.0	1.0	5.0	−10 500	350	1 750
总和	2 875				−1 450	−275	12 900

分别利用公式(2-7)、(2-8)、(2-9)

$$x_g = \frac{-1\ 450}{2\ 875} = -0.50\ (\text{m})$$

$$y_g = \frac{-275}{2\ 875} = -0.10\ (\mathrm{m})$$

$$z_g = \frac{12\ 900}{2\ 875} = 4.49\ (\mathrm{m})$$

三、移动重物后船舶重心计算

船上重物移动后船舶重心移动的规律是:船上某一重物 P 向某一方向移动后,船重仍为 W,船舶重心也向同一方向平行移动,重物移动的距离 L_1 和船舶重心移动的距离 L_2 同它们的重量成反比。重物重量小重心移动距离大,船舶重量大重心移动距离小,即

$$PL_1 = WL_2 \tag{2-10}$$

船舶的重量及重心位置与船舶的浮态及稳性有非常密切的关系。船舶每个航次的任务不同,船舶的重量及重心位置也不一样。船舶离港后随着油水的消耗及中途港的装卸货,船舶的重量及重心位置都要相应变化,也必将引起浮态及稳性的变化。

第三节　航区水密度对吃水的影响

各海区的水密度并不完全相同,一些国家的重要港口建于内河沿岸,水密度的变化更大。水密度的一般变化范围是 1 ~ 1.027 t/m³。在船重不变的情况下航区水密度改变后船舶的吃水将随之变化。

如船舶在原航区时,船重 W,水密度为 ρ_1,船浮于 W_1L_1 水线,水下体积为 V_1,则 $W = \rho_1 V_1$,如图 2-7 所示。船舶到达新航区后,船重仍为 W,水密度为 ρ_2。如 ρ_2 小于 ρ_1,则排水量 $\rho_2 V_1$ 必然小于船重 W。于是船舶将自行下沉至 W_2L_2 水线,吃水增加量为 δd。船舶浮于 W_2L_2 水线时水下体积为 V_2,则 $W = \rho_2 V_2$。

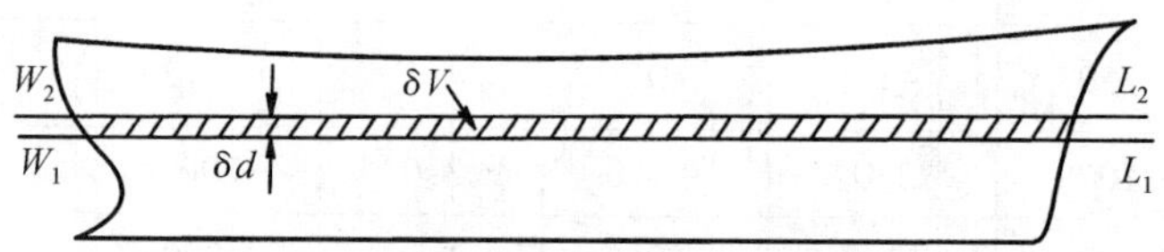

图 2-7　水密度变化对吃水的影响

水密度变化时引起的吃水改变量不大,同样可以认为新旧水线面完全相同,增加的排水体积为一柱体。因为新增加的浮力是密度为 ρ_2 的排水重量,所以浮力增加量用 $100TPC_2\delta d$ 表示,则

$$100TPC_2 \cdot \delta d = \rho_2 (V_2 - V_1)$$

$$(TPC_2 = TPC \frac{\rho_2}{\rho_1})$$

$$\delta d = \frac{\rho_2}{100TPC_2}(\frac{W}{\rho_2} - \frac{W}{\rho_1})$$

$$= \frac{\rho}{100TPC}(\frac{W}{\rho_2} - \frac{W}{\rho_1})$$

$$\delta d = \frac{W}{100TPC}(\frac{\rho}{\rho_2} - \frac{\rho}{\rho_1}) \tag{2-11}$$

式中：ρ_1——原航区水密度（t/m³）；

ρ_2——新航区水密度（t/m³）；

ρ——标准海水密度（1.025 t/m³）；

W——船舶的排水量（t）；

TPC——标准海水密度时的每厘米吃水吨数。

则

$$d_2 = d_1 + \delta d \tag{2-12}$$

式中：d_1——原航区吃水（m）；

d_2——新航区吃水（m）。

船舶由高盐度海区进入低盐度海区时，$\rho_2 < \rho_1$，δd 为正值，船舶吃水增加。船舶由低盐度海区进入高盐度海区时，$\rho_1 < \rho_2$，δd 为正值，船舶吃水减少。

例题 2：某船 $W = 49\ 500$ t，在海水中的吃水 $d = 8.6$ m，海水的密度 $\rho_1 = 1.025$ t/m³，此时的 $TPC = 63.2$ t/cm。该船舶驶入上海港（$\rho_2 = 1.010$ t/m³），求在上海港的新吃水。

解：

$$\delta d = \frac{49\ 500}{100 \times 63.2}(\frac{1.025}{1.010} - \frac{1.025}{1.025}) = 0.116\ (\text{m})$$

$$d_2 = 8.6 + 0.116 = 8.716\ (\text{m})$$

船舶配载应使用上述较精确的计算公式，而处理一般航行问题时可用下面的简便算法。

因为

$$W = \rho_2 V_2 = \rho_1 V_1$$

所以

$$\frac{\rho_2}{\rho_1} = \frac{V_1}{V_2} = \frac{C_b LBd_1}{C_b LBd_2}$$

$$\frac{\rho_2}{\rho_1} = \frac{d_1}{d_2} \quad 或 \quad d_2 = d_1 \frac{\rho_1}{\rho_2} \tag{2-13}$$

上述分析表明，可以近似认为水密度与吃水的关系是：航区水密度变化后，船舶吃水与水密度成反比。

例题 3：例题 2 用简便算法再作计算。

$$d_2 = 8.6 \times \frac{1.025}{1.010} = 8.728\ (\text{m})$$

两种算法的结果仅相差 0.14%。

第四节　储备浮力及载重线标志

一、储备浮力

船舶满载时因破损进水、甲板上浪或结冰等原因增加额外重量时，要依靠将原先在满载水线以上的部分水密体积沉入水中，才能增加浮力使船舶在水面重新处于平衡状态而不致沉没。

船舶满载水线以上的主体水密体积所具有的浮力称为船舶的储备浮力(reserve buoyancy)。储备浮力是保证船舶抗沉性及航行安全的重要因素。储备浮力与稳性、耐波性和船体强度都有密切关系,因此要求船舶在营运中必须保持一定的储备浮力。内河船的储备浮力约为满载水下体积的10% ~15%。海船的储备浮力较大,约为满载水下体积的20% ~50%。

二、干舷

沿船舷由船中满载水线向上量至干舷甲板上表面的垂直距离,称为船舶的干舷(free board),有木甲板时量至木甲板上表面。干舷用 F 表示,以毫米为单位。干舷与储备浮力有密切关系,而干舷更容易测定和检查,因而常用干舷表示船舶的储备浮力的大小。为保证船舶营运中具有一定的储备浮力,国际海事组织(IMO)制定的《1966 年国际载重线公约》和我国船舶检验局制定的《海船载重线规范》,都规定了计算船舶最小干舷的方法。经过检验符合要求后方可签发"载重线证书"。运输船舶必须确保其实际干舷不小于规定的最小干舷。最小干舷的规定也就是船舶最大吃水和最高载重线的规定。

《海船载重线规范》将专用散装液体货船称为"A"型船舶,其他船舶称为"B"型船舶。"A"型船舶的露天甲板只有很小的出入口,没有大货舱口,因而有较高的结构完整性,而且满载破损后"A"型船的进水量也较小。因为船体强度和抗沉性容易得到保证,所以对"A"型船的干舷要求较低。

干舷不是型尺度,因为干舷包括了甲板板和木甲板的厚度

$$F = D - d + \text{甲板边板厚度} \tag{2-14}$$

三、载重线标志

为保证船舶在营运中便于保持和检查最小干舷,规定在船中两舷侧最小干舷的上端勘绘一条长 300 mm、宽 25 mm 的甲板线,甲板线的上边缘是最小干舷的上端。在最小干舷的下端勘绘载重线标志(load line mark),如图 2-8 和图 2-9 所示。载重线标志中的几条水平线的上边缘是不同季节不同海区最小干舷的下端点。冬季海区比夏季海区风浪大,则要求在冬季海区有更大的干舷;淡水海区风浪较小,干舷也可以小一些。

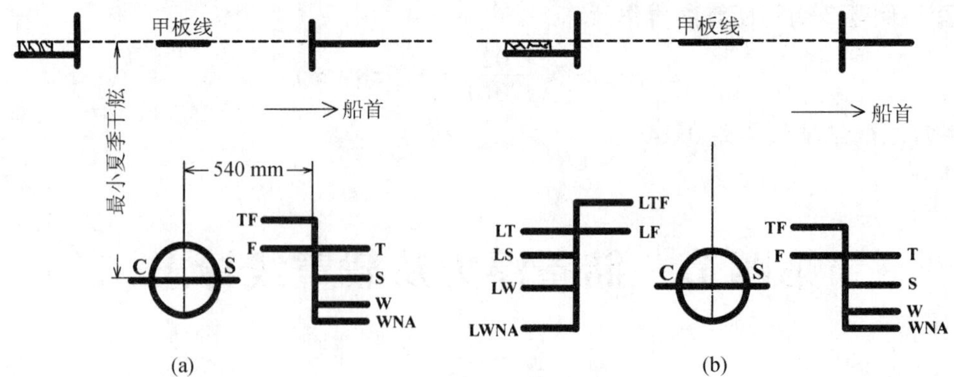

图 2-8 国际航行船舶载重线标志

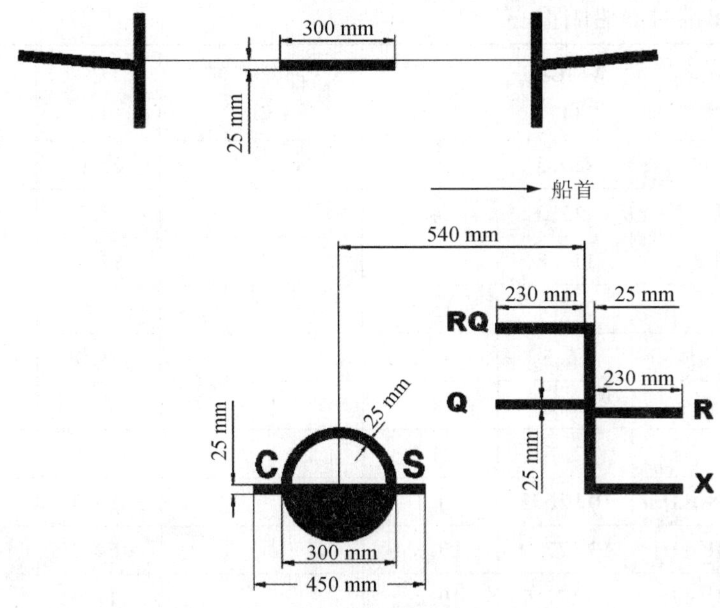

图 2-9　国内航行船舶载重线标志

国内航行船舶载重线标志中：X、D、R 和 Q 等分别是夏季、冬季、热带和淡（清）水等词的汉语拼音的首字母。国际船舶使用英文字母 S、W、T、和 F 标注载重线。这些英文字母是相应英文名词（summer，winter，tropical and freshwater）的首字母。BDD（WNA）为北大西洋冬季（winter north atlantic）载重线。L 为木材甲板货标志。CS 是中国船舶检验局的专用标志。

1. 判断：当船舶漂浮于水面时，在船舶与水接触的表面上各点都受到水压力的作用。水压力的方向均指向重心。（　）

2. 判断：船舶在静水中的平衡条件是重力和浮力大小相等，作用力方向相反，在同一条直线上。（　）

3. 判断：船上重物移动后船舶重心移动的规律是：船上重物向某一方向移动后，船舶重心也向同一方向平行移动，重物移动的距离和船舶重心移动的距离同它们的重量成反比。（　）

4. 判断：船舶的储备浮力就是船舶满载水线以上的主体水密体积所具有的浮力。（　）

5. 判断：船舶由高盐度水域驶向低盐度水域，吃水会变大。（　）

6. 横倾需用（　）参数来表示。

A. 吃水 d 以及纵倾角 φ

B. 横倾角 θ 和平均吃水 $d=(d_F+d_A)/2$

C. 横倾角 θ 以及纵倾角 φ

D. 吃水 d 和横倾角 θ

7. 计算满载出港时的船舶重心。

NAME	WEIGHT (t)	VCG (m)	V. MOMENT (t·m)	LCG (m)	L. MOMENT (t·m)
Heavy Fuel Oil	929.5	14.7		28.0	
Diesel Oil	115.3	14.7		17.3	
Lubricating Oil	117.8	12.1		12.3	
Fresh Water	284.4	15.1		3.4	
Miscellaneous(其他)	96.5	6.3		13.0	
Provision(备品)	20.0	18.3		9.2	
Crew and Luggage	2.1	24.7		16.2	
No. 1 CARGO HOLD	10 936.3	9.1		189.9	
No. 2 CARGO HOLD	13 177.0	9.8		154.5	
No. 3 CARGO HOLD	13 177.0	9.8		117.9	
No. 4 CARGO HOLD	13 177.0	9.8		81.4	
No. 5 CARGO HOLD	12 460.6	10.1		45.6	
TOTAL					

注:重心垂向位置为 VCG;重心纵向位置为 LCG;重心横向位置为 TCG。

8. 已知船舶重量为 57 000 t,为使船舶重心下降 0.14 m,已知船内重物可垂向移动的距离为8 m,试求需要移动的重量及方向。

9. 某商船在海水中吃水 8.5 m,满载吃水为 9 m,TPC = 54.85 t/cm,问还能装多少吨货?

10. 某航次自日本装货运往上海,到上海时船重为 51 000 t,相当于海水中吃水 8.95 m,其每厘米吃水吨数为 62 t/cm,海水密度为 1.025 t/m^3,求在上海港时的吃水(水密度 1.010 t/m^3)。

11. 某商船海水中吃水为 7.6 m(ρ = 1.025 t/m^3),求船舶在铜沙浅滩(水密度为 1.002 t/m^3)的吃水。

12. 某商船自上海港装货运往斯德哥尔摩,问在上海港(ρ = 1.010 t/m^3)应装到多少吃水,才能使船舶出海时(ρ = 1.025 t/m^3)达到满载吃水 8.23 m?

13. 名词解释:船舶平衡条件、TPC、储备浮力、干舷 。

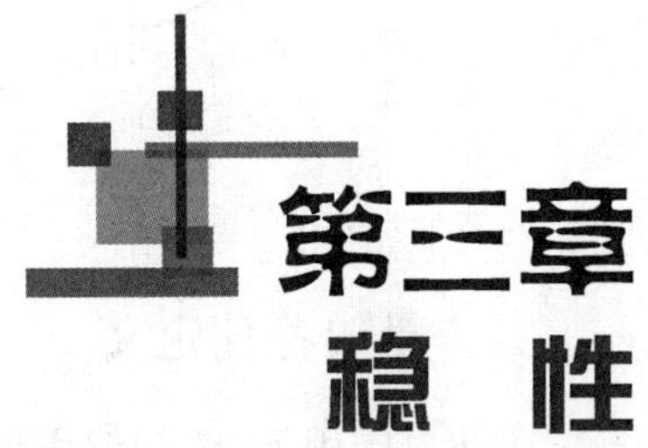

第三章 稳 性

第一节 概 述

一、船舶平衡状态

船舶在停泊或航行中,经常受到风浪等外力的作用,使其偏离原来的平衡位置而倾斜,倾斜后的船舶由于自身的特性而回复到原来的平衡位置。船舶一般经常处于这种往复运动中。

下面介绍一般船舶在外力作用下的几种平衡状态。

当船舶在外力作用下离开平衡位置横倾一个小角度 θ 时,船舶在横倾过程中其重量和重心位置不变,但其水下体积的形状将随之发生变化,浮心由正浮时的 B 点移到 B' 点。船舶的具体条件不同将会出现几种不同的情况:

(1)稳定平衡(stable equilibrium),如图 3-1(a)所示。船舶的重力与浮力大小相等方向相反但不作用在一条垂线上,重力与浮力产生了一个力矩。这个力矩与船舶的倾斜方向相反,它发挥了抵抗外力阻止横倾的作用。当外力取消后,这个力矩将使船舶自行回复到原来的平衡位置。

(2)不稳定平衡(unstable equilibrium),如图 3-1(b)所示。当船舶在外力作用下产生小横倾角 θ 时,浮心 B 移动到 B' 点。这时重力与浮力形成的力矩与船舶的横倾方向相同,在这个力矩与外力的联合作用下,船舶将继续横倾。即使在外力取消后这个力矩也要使船舶继续横倾甚至倾覆,不会回到原来的平衡位置。

(3)随遇平衡,如图 3-1(c)所示。当船舶受外力作用离开平衡位置产生横倾时,重力与浮力刚好在同一直线上。这时重力与浮力形成的力矩为零。船舶在小角度范围内,外力取消后船舶将停在任何角度上,没有抵抗外力的能力,也不会自动回到原来的平衡位置。

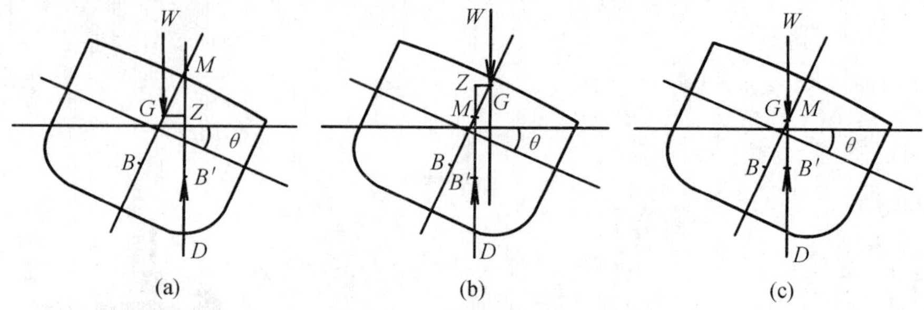

图 3-1　三种平衡状态

二、船舶稳性定义

在外力作用下,船舶偏离平衡位置而倾斜,当外力取消后,能自行回复到原来平衡位置的能力,称为船舶的稳性。依靠重力与浮力形成的力矩抵抗外力作用,阻止船舶倾覆。外力取消后船舶要回复到原来的平衡位置也是依靠重力与浮力形成的力矩。因而分析船舶稳性的中心问题就是分析重力与浮力形成的力矩。通常将船舶倾斜后重力与浮力形成的力矩称为稳性力矩(stability moment)或称为复原力矩(righting moment),并用 M_R 表示稳性力矩。将稳性力矩的力臂 GZ 称为稳性力臂(stability lever)。计算稳性力矩 M_R 的一般稳性方程式为:

$$M_R = \Delta \cdot GZ \tag{3-1}$$

式中:Δ——船舶的排水量(t);

GZ——稳性力臂(m)。

三、船舶稳性的分类

为全面分析船舶稳性,根据其特点将稳性分为几类,分别进行研究。

按倾斜方向分:船舶受到外力作用后产生横向倾斜与纵向倾斜,首先将稳性分为横稳性(transverse stability)与纵稳性(longitudinal stability)。

按船舶倾斜角度的大小分:横倾至甲板入水以后稳性特点将发生重大的变化,因此分为初稳性(initial stability)(甲板不入水或横倾角小于15°)及大倾角稳性(stability at large angle)。

按倾斜力矩的性质分:大倾角范围内对于有明显角速度的横倾需要考虑动能的影响,又可分为考虑动能影响的动稳性(dynamical stability)与无明显角速度不考虑动能影响的静稳性(statical stability)。船舶的纵倾角一般较小,因此只分析小角度纵稳性。

第二节　初稳性

分析稳性的中心问题是分析稳性力矩的变化,而初稳性的重要特点是小角横倾时,稳性力臂和稳性力矩可以用一个量来表示,这个量称为初稳性标志。

一、横稳性标志

船舶横倾时浮心移动的轨迹称为浮心曲线。为简化稳性力矩的计算，当横倾角很小时可以认为浮心曲线是一段圆弧。浮力作用线在浮心曲线的法线方向上，就是说小角横倾时浮力作用线始终通过这一段圆弧的圆心。小角横倾时浮心曲线圆心、浮力作用线的共同交点称为横稳心 M(transverse metacenter)。小角横倾时浮心曲线的半径称为横稳心半径 r(transverse metacentric radius)。严格来说只有 θ 为无限小时这个规律才是完全正确的。但在甲板入水前或 $\theta<15°$ 时，新旧浮力作用线的交点距稳心 M 点很近，按通过稳心计算并不会引起太大的误差。

小角横倾时，如图 3-2 所示，直角三角形 GZM 的形状虽然不断变化。但 GM 这一段高度作为 GZM 三角形的斜角边却始终不变，而且可以事先计算出 GM 的高度。通常将横稳心在重心之上的垂直高度称为横稳性高度(transverse metacentric height)或称为横稳心高度。用稳性高度 GM 可以列出以下稳性力臂 GZ 的计算公式

$$GZ = GM \cdot \sin\theta \tag{3-2}$$

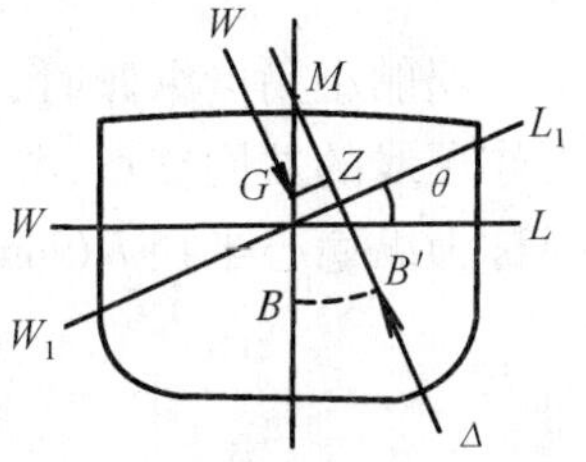

图 3-2　小角度横倾

计算稳性力矩的初稳性方程式

$$M_R = \Delta \cdot GM \cdot \sin\theta \tag{3-3}$$

式中：Δ——船舶的排水量(t)；

θ——横倾角(°)；

GM——横稳性高度(m)。

规定：M 在 G 之上，GM 为正，表示船舶具有稳性；M 在 G 之下，GM 为负，表示船舶丧失稳性；M 与 G 重合，GM 为 0，表示船舶丧失稳性。

一定排水量时横稳性高度 GM 的大小表示船舶横稳性的大小，GM 的正负表示是否具有稳性，即横稳性高度 GM 的变化规律可以表示出横稳性的变化规律，所以将横稳性高度 GM 称为船舶的初稳性标志。GM 过小船舶容易倾覆；不安全；GM 过大船舶的摇摆剧烈又容易造成货物及船体结构的损坏，也会增加船员的工作难度，所以船舶的稳性高度要在适当范围之内。“鹏安”号满载时 GM 为 4.3 m。

GM 的计算：GM 是横稳心 M 和重心 G 之间的垂向距离，如图 3-3 所示。

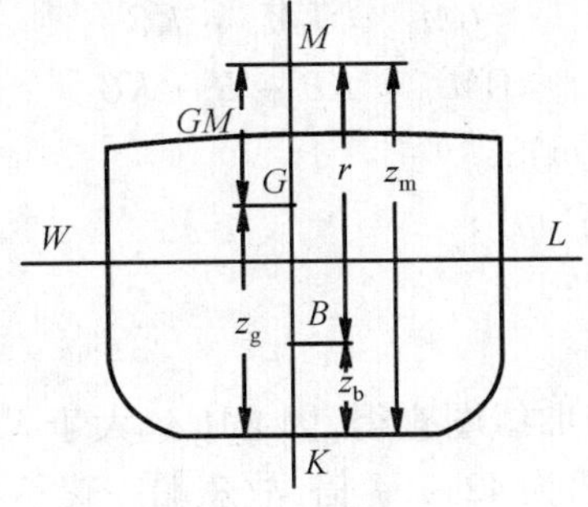

图 3-3　横稳性

$$GM = KB + r - KG \tag{3-4}$$

式中：KM——横稳心距基线高(m)；

KG——船舶重心距基线高(m)；

KB——浮心距基线高(m),可由静水力曲线图查取;

r ——横稳心半径(m),有时用 MB 表示。

根据分析:$r = \frac{I_x}{V}$

式中:I_x——水线面对 x 轴的面积惯性矩(m^4);

V——船体水下排水体积(m^3)。

横稳心半径 r 的数值可从静水力曲线图中查取。有时静水力曲线图直接给出 KM 曲线。

二、纵稳性标志

船舶小角度纵倾时,浮心曲线也可以认为是一段圆弧。小角纵倾时,浮心曲线的圆心、浮力作用线的共同交点,称为纵稳心 M_L(longitudinal metacenter)。小角度纵倾时浮心曲线的半径称为纵稳心半径 R(longitudinal metacentric radius),如图 3-4 所示。

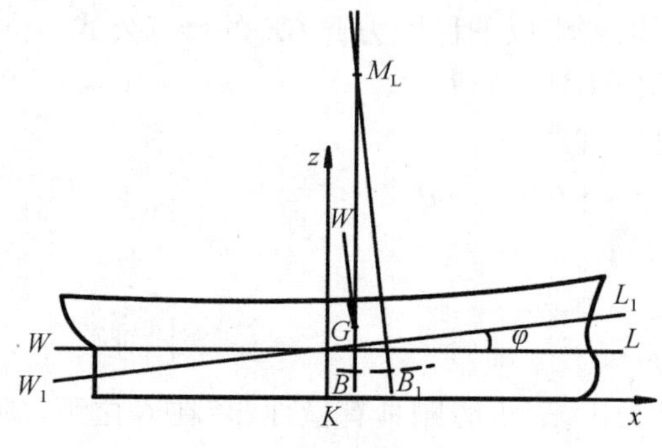

图 3-4 纵稳性

纵稳性方程式:

$$M_{RL} = \Delta \cdot GM_L \cdot \sin\varphi \tag{3-5}$$

式中:M_{RL}——纵稳性力矩(t·m);

φ ——纵倾角(°);

GM_L——纵稳性高度(longitudinal metacentric height)(m)。

纵稳性高度 GM_L 是船舶纵稳性标志,是纵稳心 M_L 与重心 G 之间的垂向距离。

$$GM_L = KM_L - KG$$

$$GM_L = KB + R - KG \tag{3-6}$$

式中:KM_L——纵稳心距基线高(m);

KG ——船舶重心距基线高(m);

KB ——浮心距基线高(m);

R——纵稳心半径(m)。

纵稳心高度 KM_L 可从静水力曲线图查得,因 KM_L 远大于 KM,所以纵稳性高度 GM_L 要比横稳性高度 GM 大很多倍,远洋货船为 42 ~ 64 倍,故船舶一般不会纵向倾覆。

三、船舶初稳性基本特点

1. 新旧水线面的交线通过原水线面漂心 F 点

船舶倾斜过程中,水下体积的排水量不变。即船体由水下到水上的出水体积,与由水上到水下的入水体积相等。在倾斜角很小时,假定水线附近为直线。经分析推导可以证明:船舶横向或纵向倾斜时,只有新旧水线通过原水线面漂心 F 点,出水体积才能等于入水体积,保持水下体积排水量不变,如图 3-5 所示。

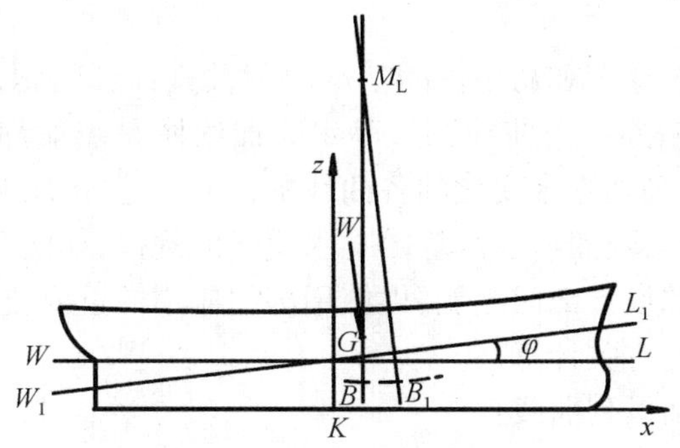

图 3-5 漂心 F

2. 新旧浮力作用线都通过稳心(M, M_L)

船舶小角横倾及纵倾时,浮心曲线可认为是一段圆弧。圆弧的圆心称为稳心。浮力作用线在浮心曲线的法线方向上,即船舶小角横倾时,浮力作用线通过稳心 M 点。船舶在设计阶段就可以计算出任一吃水时稳心 M 点的高度。

3. 稳性高度(GM, GM_L)是初稳性标志

由于船舶小角倾斜时浮力作用线始终通过稳心 M 点,则重心 G 与稳心 M 的垂向距离,始终是浮力作用线与中线组成的直角三角形的斜边。通过 GM 的高度利用直角三角形的边角关系能方便地计算出稳性力臂及稳性力矩的数值。GM 的大小及正负代表稳性力臂和稳性力矩的大小及正负,所以将稳性高度 GM 作为船舶初稳性标志。

$$GM = KM - KG = KB + r - KG$$

$$GM_L = KM_L - KG = KB + R - KG$$

4. 用初稳性方程式计算稳性力矩

$$M_R = \Delta \cdot GM \cdot \sin\theta$$

$$M_{RL} = \Delta \cdot GM_L \cdot \sin\varphi$$

四、影响船舶初稳性的因素

稳性标志 GM 取决于重心和稳心的垂向相对位置,而稳心又受到浮心位置的影响,即三个"心"(稳心、浮心、重心)中任何一个"心"的变化都会影响稳性。

重心与稳心位置的变化主要受以下两个方面的影响:①船舶重量的大小和载荷分布情况变化能使船舶的重心位置变化;②船体水下形状变化能引起稳心位置的变化,吃水改变船体水下形状也随着变化。

能使船舶重最分布或吃水发生变化的有下面四种因素:①移动船上重物;②装卸重物;③悬挂重物;④液体舱柜的自由液面影响。

第三节　静水力曲线图

前面章节中讨论了船舶浮态和初稳性的基本原理及其计算问题,通常将这些参数随吃水变化的曲线合并绘制成船舶静水力曲线图。静水力曲线图是船舶静止正浮状态下的浮性要素、初稳性要素和船型系数等随吃水变化的各曲线的总称。它全面地表达了船舶在静止正浮状态下浮性要素、初稳性要素及船型系数等随吃水变化的规律,如图3-6所示。

静水力曲线图是由船舶设计部门绘制,供使用部门应用的重要技术资料,船舶修造部门经常使用它进行浮性和稳性的有关计算。

静水力曲线图一般包括下列曲线:

(1)型排水体积曲线;

(2)排水量(海水和淡水)曲线;

(3)浮心距基线高度曲线;

(4)浮心距船中距离曲线;

(5)水线面面积曲线;

(6)漂心距船中距离曲线;

(7)每厘米吃水吨数曲线;

(8)横稳心距基线高度曲线;

(9)纵稳心距基线高度曲线;

(10)每厘米纵倾力矩曲线;

(11)水线面系数曲线;

(12)方形系数曲线;

(13)棱形系数曲线;

(14)中横剖面系数曲线。

静水力曲线图中各曲线的比例尺在曲线上标志,船型系数的横坐标与其他曲线不同,查阅使用时应注意。静水力曲线图表达直观,精确性差,为便于审核和查阅,常制成静水力数值表,如表3-1所示。

设计人员还将不同吃水的排水量及其他数据画为不同刻度尺的表,称为载重量表尺(dead weight scale),如图3-7所示。载重量表尺的两边是以米为单位的吃水标尺,中间是海水淡水排水量和载重量以及其他浮性稳性基本数据,用直尺放在两边某一吃水位置,就能读出中间各列需要的各种数值。载重量表尺使用比较方便,精确性稍差。

静水力曲线图的使用方法举例说明如下:

例题1:已知大量装卸后船舶在海水中的排水量为11 200 t,求吃水。

根据排水量曲线的比例尺为1 cm = 400 t可知,横坐标为11 200 ÷ 400 = 28 cm,由横坐标28 cm处作垂线与海水排水量曲线相交,由上述交点作出的水平线与竖坐标轴的交点处可查得吃水 $d = 6$ m。

例题2:已知 $d = 6$ m,求浮心距基线高度 z_b 值。

当 $d = 6$ m时,水平线与 z_b 曲线的交点的横坐标为16.2 cm,即 $z_b = 16.2 \times 0.2 = 3.24$ m。

型吃水(m)
主尺
两柱间长 148.00 m
型 宽 21.20 m
型 深 12.50 m
设计吃水 9.20 m
浮心距基线高度KB 1 cm=0.2 m
纵稳心距基线高度KM_L 1 cm=20 m
厘米纵倾力矩MTC 1 cm=98.1 kN·m/cm
水线面面积A_w 1 cm=100 m²
横稳心距基线高度KM 1 cm=0.4 m
厘米吃水吨数TPC
1 cm=1 t/cm
型排水量 ∇_M 1 cm=400 m³
排水量(海水) Δ 1 cm=400 t
排水量(淡水) Δ_f 1 cm=400 t
漂心距船中距离X_f 1 cm=1 m
漂心距船中距离X_b 1 cm=0.2 m
方形系数C_b
棱形系数C_p
水线面系数C_w
中剖面系数C_m
cm
船中后
船中前

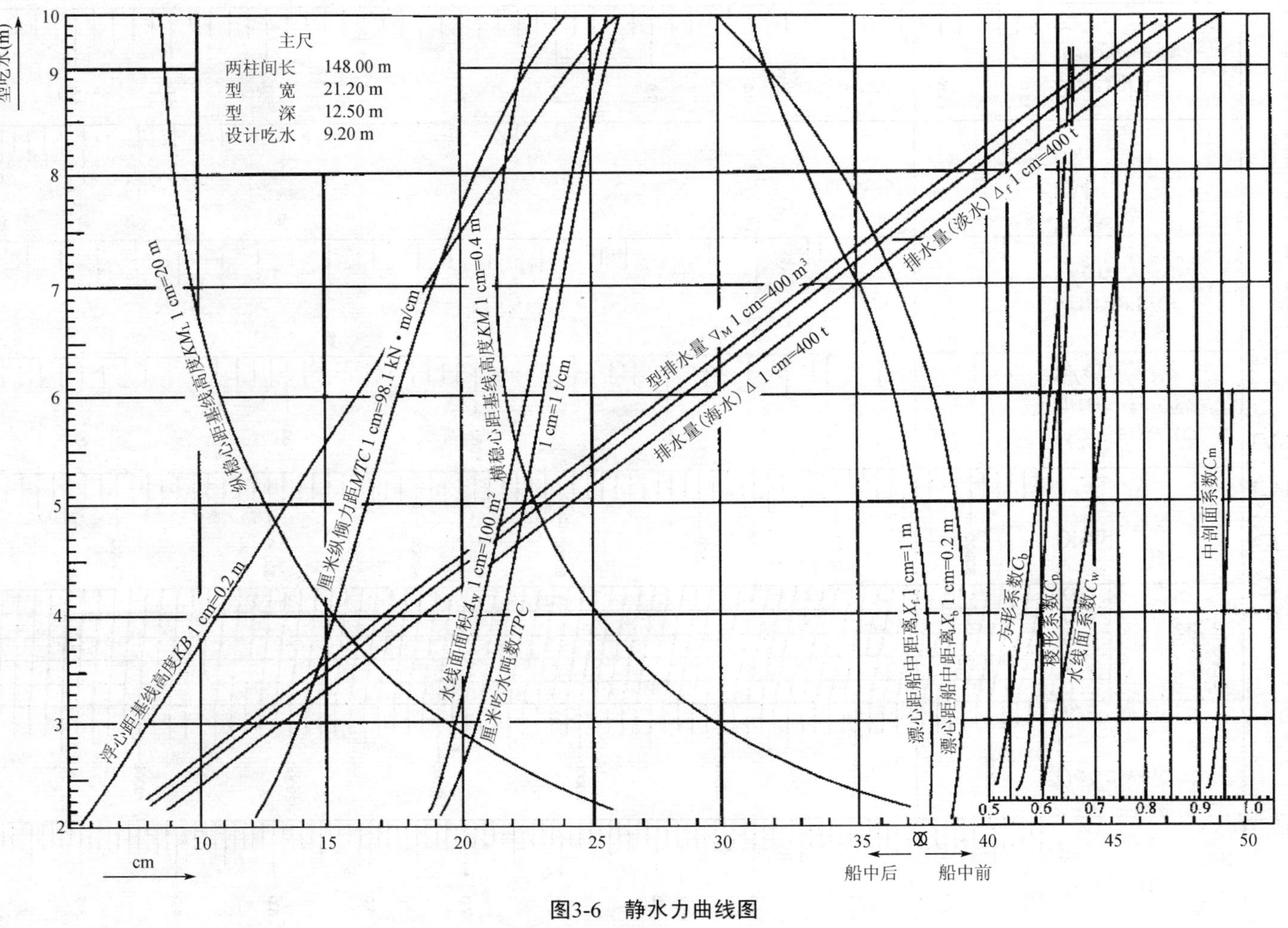

图3-6 静水力曲线图

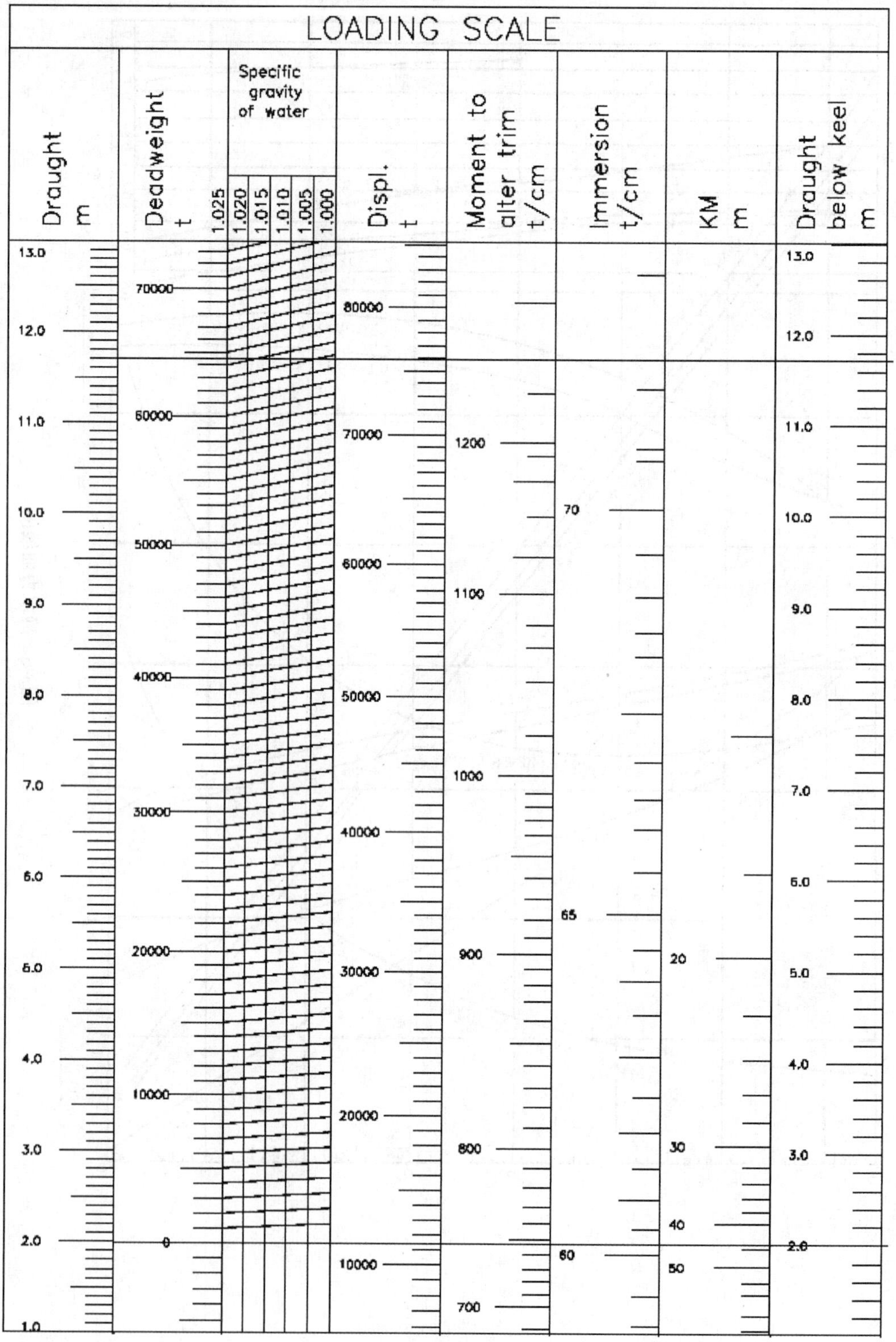

LOADING SCALE

Draught m: 13.0 12.0 11.0 10.0 9.0 8.0 7.0 6.0 5.0 4.0 3.0 2.0 1.0

Deadweight t: 70000 60000 50000 40000 30000 20000 10000 0

Specific gravity of water: 1.025 1.020 1.015 1.010 1.005 1.000

Displ. t: 80000 70000 60000 50000 40000 30000 20000 10000

Moment to alter trim t/cm: 1200 1100 1000 900 800 700

Immersion t/cm: 70 65 60

KM m: 20 30 40 50

Draught below keel m: 13.0 12.0 11.0 10.0 9.0 8.0 7.0 6.0 5.0 4.0 3.0 2.0

图 3-7　载重量表尺

表 3-1 静水力数值(节选)

TRIM= 0 m

T m	TK m	DISP t	TCP t/cm	KMT m	LCB m	LCA m	MCT tm/cm
9.500	9.518	60291.8	69.7	14.710	115.067	109.198	1132.1
9.520	9.538	60431.2	69.7	14.701	115.054	109.167	1133.2
9.540	9.558	60570.7	69.7	14.693	115.040	109.137	1134.3
9.560	9.578	60710.2	69.8	14.684	115.026	109.107	1135.4
9.580	9.598	60849.8	69.8	14.676	115.013	109.078	1136.5
9.600	9.618	60989.4	69.8	14.668	114.999	109.049	1137.6
9.620	9.638	61129.1	69.8	14.660	114.985	109.020	1138.6
9.640	9.658	61268.8	69.8	14.652	114.972	108.991	1139.7
9.660	9.678	61408.6	69.9	14.644	114.958	108.963	1140.7
9.680	9.698	61548.5	69.9	14.636	114.944	108.934	1141.7
9.700	9.718	61688.3	69.9	14.628	114.930	108.906	1142.8
9.720	9.738	61828.3	69.9	14.620	114.917	108.878	1143.8
9.740	9.758	61968.2	70.0	14.612	114.903	108.830	1145.5
9.760	9.778	62108.2	70.0	14.605	114.889	108.785	1147.1
9.780	9.798	62248.2	70.0	14.597	114.876	108.745	1148.6
9.800	9.818	62388.2	70.1	14.590	114.862	108.708	1149.9
9.820	9.838	62528.4	70.1	14.582	114.848	108.673	1151.2
9.840	9.858	62668.5	70.1	14.575	114.834	108.638	1152.4
9.860	9.878	62808.7	70.1	14.568	114.820	108.604	1153.7
9.880	9.898	62949.0	70.2	14.560	114.807	108.570	1154.9

TRIM= 0 m

T m	TK m	VOLM m3	VOLT m3	VCB m	WLAM m2	LWL m	FRAM m2	WSA m2
6.500	6.518	38813.4	38966.7	3.344	6425.8	213.60	213.0	8525.1
6.600	6.618	39456.6	39610.9	3.397	6438.1	213.68	216.3	8575.3
6.700	6.718	40101.0	40256.2	3.449	6449.9	213.76	219.6	8625.2
6.800	6.818	40746.7	40902.7	3.501	6461.7	213.85	222.9	8675.1
6.900	6.918	41393.4	41550.4	3.553	6473.8	213.94	226.2	8725.5
7.000	7.018	42041.4	42199.3	3.605	6486.1	214.04	229.5	8776.1
7.100	7.118	42690.7	42849.5	3.658	6498.2	214.14	232.8	8826.5
7.200	7.218	43341.1	43500.8	3.710	6510.2	214.25	236.1	8877.0
7.300	7.318	43992.8	44153.4	3.762	6522.0	214.37	239.4	8927.4
7.400	7.418	44645.6	44807.1	3.815	6534.1	214.49	242.7	8978.3
7.500	7.518	45299.8	45462.2	3.867	6547.3	214.63	246.0	9030.2
7.600	7.618	45955.2	46118.6	3.919	6559.8	214.78	249.3	9081.2
7.700	7.718	46611.9	46776.3	3.972	6572.2	214.94	252.5	9132.7
7.800	7.818	47270.0	47435.2	4.024	6584.6	215.13	255.8	9183.8
7.900	7.918	47929.3	48094.7	4.077	6595.8	215.35	259.1	9231.4
8.000	8.018	48589.0	48756.0	4.129	6608.8	215.61	262.4	9285.0
8.100	8.118	49250.6	49418.5	4.182	6621.5	215.95	265.7	9337.8
8.200	8.218	49913.4	50082.3	4.235	6633.0	216.32	269.0	9389.0
8.300	8.318	50577.6	50747.4	4.287	6646.0	216.68	272.3	9441.9
8.400	8.418	51242.9	51413.7	4.340	6657.7	217.04	275.6	9492.9

第四节　载荷移动对稳性及浮态的影响

船上移动重物的数量一般不大,产生的倾斜角都在小角度范围内。船上重物的移动可分为:垂向移动、横向移动、纵向移动及任意方向移动四种情况,下面分别分析各种情况下对稳性及浮态的影响。

一、重物垂向移动

如图 3-8 所示,船舶排水量为 Δ,船上重物 P 吨,高为 z_1 时船舶重心在 G 点,如将重物 P 垂直上移至 z_2,上移距离为 z,则船舶的重心 G 随之上升至 G'。P 上移时不影响吃水 d,因而稳心 M 点位置不变。根据船舶重心移动原理可得

$$GG' = \frac{Pz}{\Delta} \qquad GM_1 = GM - \frac{Pz}{\Delta} \tag{3-7}$$

式中:GM_1——移动后的稳性高度(m);

$z = z_2 - z_1$,上移为正,下移为负。

重物上移时,GM 减少,下移时增加,而浮态不变。

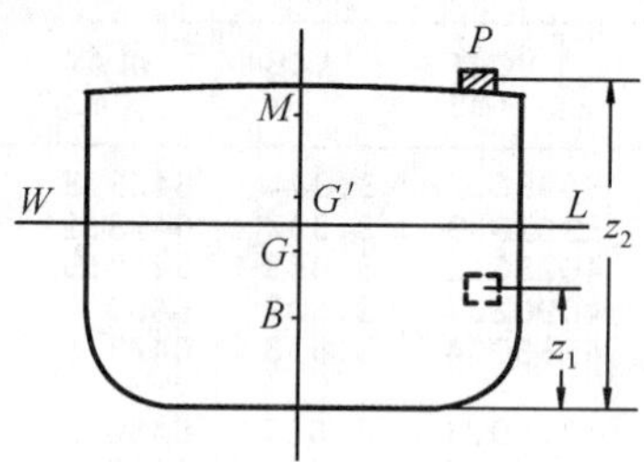

图 3-8　垂向移动

二、重物横向移动

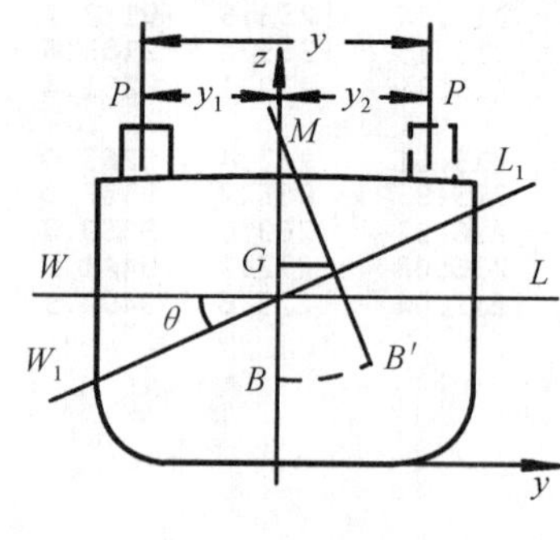

图 3-9　横移(前)

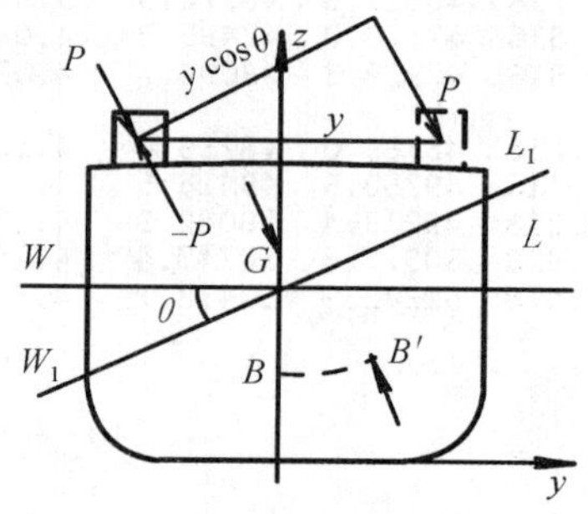

图 3-10　横移(后)

如图 3-9 和图 3-10 所示,重物向右移动距离 y,可以看作在重物原位置加一个方向向上的力 P,在重物新位置加一个向下的力 P,而这种力的组合情况,可以看作重物还在原位,船舶重

心 G 也没有移动。只是增加了一个由原位向上的 P 和新位向下的 P 组成的力矩，这个力矩就是使船舶横倾的力矩，称为横倾力矩 M_i（moment of transverse inclination）。船舶横倾后产生的稳性力矩 M_R 与横倾力矩 M_i 的方向相反，当横倾至某一角度能使 $M_R = M_i$ 时，船舶才能停止横倾达到新的平衡。船舶横倾后横倾力矩的力臂也在随横倾角的变化而变化。

$$M_i = P \cdot y \cdot \cos\theta$$

而

$$M_R = \Delta \cdot GM \cdot \sin\theta$$

$$\Delta \cdot GM \cdot \sin\theta = P \cdot y \cdot \cos\theta$$

$$\tan\theta = \frac{Py}{\Delta \cdot GM} \tag{3-8}$$

式中：$y = y_2 - y_1$，右移为正，左移为负；

θ——横倾角（°），向右为正，向左为负。

重物横移后重心高度没有改变，所以稳性不变。式（3-8）常用于解决以下几方面的问题：

（1）移动重物时求横倾角。

（2）如欲将重物移动一定距离使船舶产生横倾角，确定移动重物的重量；或者移动一定重物使船舶产生某一横倾角时确定移动的距离。这种方法用于调整船舶的横倾。

（3）一定重物移动一定距离，测得横倾角后求 GM。这种方法用于检验船舶的稳性大小。也可用于求出 GM 后再推算出船舶重心距基线高 KG。

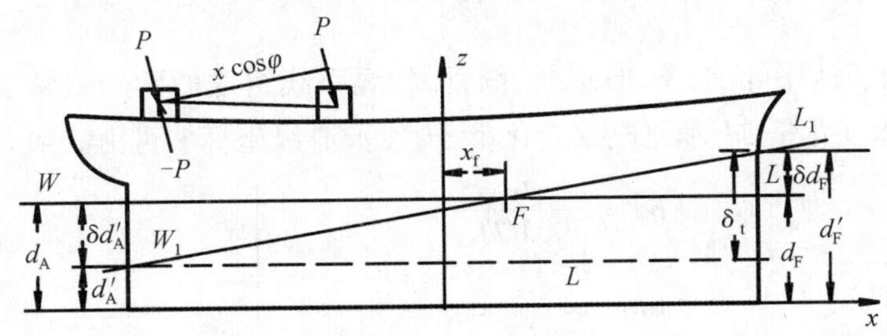

图 3-11　纵向移动

三、重物纵向移动

1. 纵倾角 φ 计算

如图 3-11 所示，某船排水量为 Δ，艏吃水力 d_F，艉吃水为 d_A，吃水差 $t = d_F - d_A$。船上重物 P 水平向前纵移 x，用横移时相同的力矩平衡法，可得到形成的纵倾力矩 $M_i = Px\cos\varphi$。当船舶纵倾重新达到平衡时，纵倾力矩与复原力矩相等：$M_{RL} = M_i$，即

$$\Delta \cdot GM_L \cdot \sin\varphi = P \cdot x \cdot \cos\varphi$$

$$\tan\varphi = \frac{Px}{\Delta \cdot GM_L} \tag{3-9}$$

2. 吃水差变化量 δt 计算

船舶的纵倾角很小，常常小于 1°。常用移动重物后的吃水差变化量 δt 表示纵倾大小。在图 3-11 中，通过新水线 W_1L_1 与艉垂线的交点作原水面的平行线得到一个直角三角形，它的水平直角边是船长 L_{BP}，垂直角边就是移动重物引起的吃水差变化量 δt。由三角关系可得：$\tan\varphi =$

$\frac{\delta t}{L}$，由式(3-9)可推出：

$$\delta t = \frac{Px_L}{\Delta \cdot GM_L} \tag{3-10}$$

式中：x ——纵移距离，向船首移为正，向船尾移为负；

φ ——纵倾角(°)，艏倾时为正，艉倾时为负；

δt——吃水差变化量(m)，艏吃水增加时为正，艉吃水增加时为负。

总之，重物纵向移动后，引起艏、艉吃水变化而稳性不变。式(3-10)表明：一定排水量一定GM_L时，吃水差改变量 δt 与纵倾力矩 Px(未考虑 $\cos\varphi$ 的影响)成正比。通过这个关系，可以得到移动重物时求 δt 的较简便的方法。

使船舶的吃水差改变 1 cm 需要的纵倾力矩称为每厘米纵倾力矩(moment to change trim 1 cm)，用MTC 表示。令 $\delta t = 1/100$ m(即 1 cm)，代入式(3-10)，GM_L与 R 相近，可以认为 $GM_L = R$，则上式改为

$$MTC = \frac{\Delta \cdot R}{100L} \tag{3-11}$$

式(3-11)与船舶重心位置无关，MTC 只随吃水而变化。由静水力曲线图上可查到不同吃水时的 MTC 数值。

3. 吃水计算

利用漂心 F 点前后由新水线、旧水线、艏垂线、艉垂线组成的两个直角三角形边角关系，可以计算出首吃水变化量 δd_F和尾吃水变化量 δd_A。漂心纵坐标 x_f可由静水力曲线图查得。

$$\left.\begin{aligned}
\delta t &= \frac{Px}{100MTC} \\
\tan\varphi &= \frac{\delta t}{L} = \frac{\delta d_F}{0.5L - x_f} \\
\tan\varphi &= \frac{\delta t}{L} = \frac{-\delta d_A}{0.5L + x_f} \\
d_{F1} &= d_F + (0.5L - x_f)\frac{\delta t}{L} \\
d_{A1} &= d_A - (0.5L + x_f)\frac{\delta t}{L} \\
t_1 &= d_{F1} - d_{A1} = t + \delta t
\end{aligned}\right\} \tag{3-12}$$

当 x、δt、φ 及 x_f为负数时，上述一组公式仍能使用。但要注意，公式中原有的加减号保持不变，而每一个量必须按规定的正数或负数代入公式。

四、任意方向移动

重物 P 由 $A(x_1、y_1,z_1)$移至 $B(x_2,y_2,z_2)$。重物任意方向的移动可以分解为：垂移、横移及纵移，分三步分别使用上述公式计算移动后的稳性及浮态，具体见式(3-13)。因为纵倾及横倾的大小取决于船舶的稳性，而只有垂向移动才能使稳性变化，所以计算时要先让重物垂向移动计算出新的稳性高度，再由新的稳性高度做横移及纵移计算。

$$\left.\begin{aligned}
G_1M &= GM - \frac{Pz}{\Delta} \\
\tan\theta &= \frac{Py}{\Delta \cdot G_1M} \\
\delta t &= \frac{Px}{100MTC} \\
d_{F1} &= d_F + (0.5L - x_f)\frac{\delta t}{L} \\
d_{A1} &= d_A - (0.5L + x_f)\frac{\delta t}{L} \\
t_1 &= d_{F1} - d_{A1} = t + \delta t
\end{aligned}\right\} \tag{3-13}$$

计算中要注意:①公式中的加减号及每个量的正负号不要用错;②画出简图能帮助分析问题,帮助检查计算中的错误;③熟记公式以免混淆。

例题 3:某商船 $L_{BP}=110$ m,$B=16$ m,$d=7.4$ m,$\Delta=7\ 876.3$ t,$x_f=0.85$ m,$GM=0.42$ m,$MTC=93.1$ t·m/cm,在更换设备时需要将左舷机器移到甲板上,机器重量 $P=50$ t。原来机器重心坐标为(−40 m,−4 m,3.8 m),移动后机器重心坐标为(10 m,2.4 m,10.8 m)。求移动后的稳性及浮态。

解:

$$GG_1 = \frac{Pz}{\Delta} = \frac{50 \times (10.8 - 3.8)}{7\ 876.3} = 0.04(\text{m})$$

$$G_1M = GM - GG_1 = 0.42 - 0.04 = 0.38(\text{m})$$

$$\tan\theta = \frac{Py}{\Delta \cdot G_1M} = \frac{50 \times (2.4 + 4)}{7\ 876.3 \times 0.38} = 0.106\ 9$$

$$\theta = 6.1°$$

$$\delta t = \frac{Px}{100MTC} = \frac{50 \times (10 + 40)}{100 \times 93.1} = 0.269(\text{m})$$

$$d_{F1} = d_F + (0.5L - x_f)\frac{\delta t}{L} = 7.4 + (0.5 \times 110 - 0.85) \times \frac{0.269}{110} = 7.532(\text{m})$$

$$d_{A1} = d_A - (0.5L + x_f)\frac{\delta t}{L} = 7.4 - (0.5 \times 110 + 0.85) \times \frac{0.269}{110} = 7.263(\text{m})$$

$$t_1 = d_{F1} - d_{A1} = 7.532 - 7.263 = 0.269(\text{m})$$

第五节 少量装卸对稳性及浮态的影响

一、船舶平行沉浮的条件

如增加少量重物 P 于 $A(x_p, y_p, z_p)$ 点,增加的排水量提供的附加浮力则作用在船舶下沉的薄层体积形心处。因为小量载荷引起的吃水变化不大,可以假定船舶在该范围内为直壁式,这样,薄层体积形心可假定为水线面的面积中心,即漂心 F 处,所以可以认为,将少量货物装卸于漂心所在的垂线上,可以使船舶平行沉浮而不致使船舶发生横向、纵向倾斜。

二、少量重物装卸

增加少量重物 P 于 $A(x_p, y_p, z_p)$ 点,将使船舶的吃水增加、稳性变化,并产生新的纵倾和横倾。因为计算纵横倾时要用新的稳性高度,所以计算要分为两个步骤:第一步将重物首先装于漂心所在垂线上要求的高度,在船舶平行下沉不产生横倾、纵倾的情况下,计算出新的吃水及稳性高度,如图 3-12 所示;第二步将重物由漂心所在的垂线上移到要求的位置,用新的稳性高度计算横倾角和纵倾角以及艏、艉吃水。

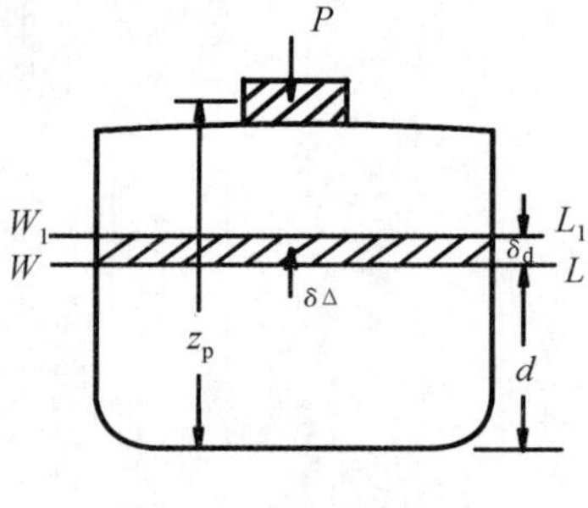

图 3-12　少量装载

1. P 装于漂心所在垂线上点 $A_1(x_F, o, z_p)$ 处,船舶平行下沉

(1)求吃水改变量 δd

用装载前船舶的平均吃水从静水力曲线图上查得 TPC,用下式计算 δd

$$\delta d = \frac{P}{100TPC} \tag{3-14}$$

(2)求新稳性高度 GM_1

从船舶倾斜后稳性力矩的变化分析装载后的稳性变化。如横倾至 θ 后外力取消,这时船受到两个力矩的作用,一个是装载前的稳性力矩 $M_R = \Delta \cdot GM \cdot \sin\theta$,另一个是增加的重量 P 与增加的浮力 $\delta\Delta$ 这一对大小相等方向相反的力形成的力偶矩,而且两个力矩的方向相反,则装载后有效的稳性力矩为

$$\begin{aligned} M_{R1} &= \Delta \cdot GM \cdot \sin\theta - P(z_p - d - 0.5\delta d)\sin\theta \\ &= \Delta \cdot GM \cdot \sin\theta + P \cdot GM \cdot \sin\theta - P(z_p - d - 0.5\delta d)\sin\theta - P \cdot GM \cdot \sin\theta \\ &= (\Delta + P)GM \cdot \sin\theta + P(d + 0.5\delta d - z_p - GM)\sin\theta \\ &= (\Delta + P)\left[GM + (d + 0.5\delta d - GM - z_p)\frac{P}{\Delta + P}\right]\sin\theta \end{aligned}$$

分析上式,可以得到装载后新稳性高度的计算公式

$$GM_1 = GM + (d + 0.5\delta d - GM - z_p)\frac{P}{\Delta + P} \tag{3-15}$$

卸载时式(3-15)仍然适用,只是必须将 P 及 δd 取为负值。

(3)稳性简化算法

为简化少量重物装卸后稳性高度的计算方法,可以近似认为装卸重物后稳心 M 点没有变化,只是由于装卸重物后船舶重心高度变化而引起了 GM 的变化。简化算法分析稳性变化的过程是:首先将重物 P 装于同船舶原来重心 G 等高的漂心垂线上,其坐标是(x_f, o, z_g),则装货后船舶重心高度不变,船舶平行下沉排水量变为 $\Delta + P$。然后将重物由船舶重心高度向上移至要求的高度。移动后的稳性高度的计算公式

$$GM_1 = GM - \frac{P(z_p - z_g)}{\Delta + P} \tag{3-16}$$

装载时 P 取正数,卸载时 P 取负数。

分析式(3-16)可以看到少量装卸重物时,船舶稳性的变化规律:重物装于船舶重心之上

GM 减少,装于船舶重心之下 *GM* 增大。由船舶重心之上卸去重物 *GM* 增大,由船舶重心之下卸去重物 *GM* 减少。在通过船舶重心的水平面上装卸重物 *GM* 不变。

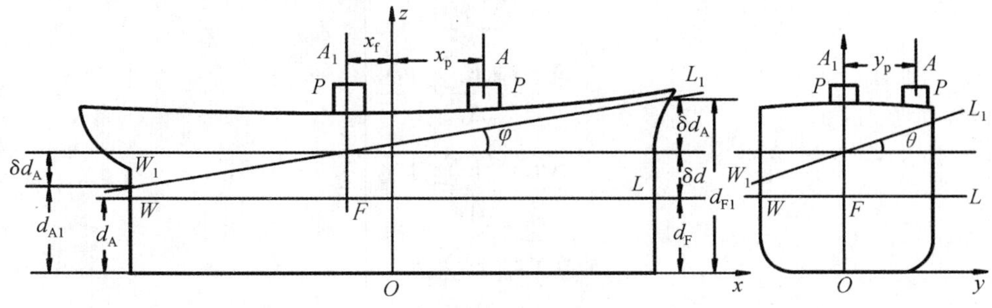

图 3-13 水平移动

2. 将 P 自点 $A_1(x_F, o, z_P)$ 移至点 $A(x_P, y_P, z_P)$

这一步完全是重物移动问题,但没有垂向移动只有横移和纵移,如图 3-13 所示,因此稳性高度不变,使用第四节移动重物的公式即可得出最后的艏、艉吃水及吃水差。

$$\left.\begin{aligned} \tan\theta &= \frac{P y_P}{(\Delta + P) GM_1} \\ \delta t &= \frac{P(x_P - x_F)}{100MTC} \\ d_{F1} &= d_F + \delta d + (0.5L - x_F)\frac{\delta t}{L} \\ d_{A1} &= d_A + \delta d - (0.5L + x_F)\frac{\delta t}{L} \\ t_1 &= d_{F1} - d_{A1} = t + \delta t \end{aligned}\right\} \tag{3-17}$$

卸载时 P 用负值带进去即可。

第六节 大量装卸对稳性及浮态的影响

少量装卸时新旧水线面可以认为完全相等,因而能够用装卸前的稳性及浮态数据推算出装卸后的数据,而大量装卸后新旧水线面相差很多,不能再假定这部分船体是直舷,所以大量装卸后的稳性和浮态必须由最基本的数据算起。

一、船舶重量及重心坐标计算

$$\left.\begin{aligned} \Delta_1 &= \Delta + \sum P_i \\ x_{g1} &= \frac{\Delta \cdot x_g + \sum p_i x_i}{\Delta_1} \\ y_{g1} &= \frac{\Delta \cdot y_g + \sum p_i y_i}{\Delta_1} \\ z_{g1} &= \frac{\Delta \cdot z_g + \sum p_i z_i}{\Delta_1} \end{aligned}\right\} \tag{3-18}$$

式中:Δ——装卸前的排水量,航次配载时为空船排水量(t);

x_g、y_g、z_g——装卸前船舶的重心坐标,航次配载时为空船重心坐标(m);

x_{g1}、y_{g1}、z_{g1}——装卸后船舶重心坐标(m);

ΣP_i——各装卸重物的代数和(t),装货为正、卸货为负;

x_i、y_i、z_i——各装卸重物的重心坐标(m)。

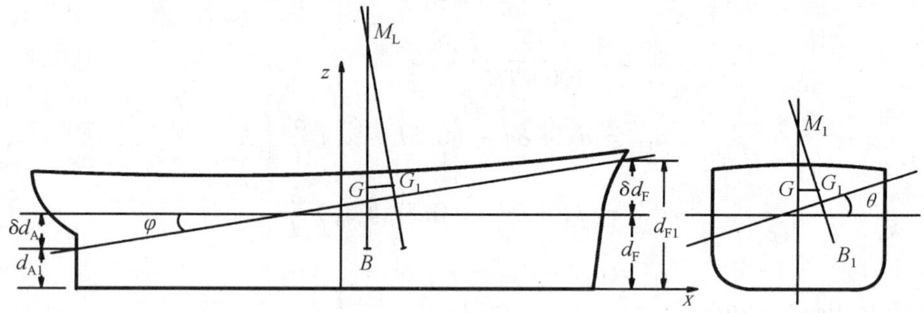

图 3-14　大量装卸

二、用新排水量Δ_1从静水力曲线图查取有关数据

先用新排水量 Δ_1 查出正浮吃水 d_1,再用 d_1 查得:浮心坐标 x_{b1},稳心坐标 KM_1,漂心坐标 x_{F1},以及每厘米纵倾力矩 MTC_1 等数据。

三、新稳性高度计算

$$GM_1 = KM_1 - KG_1 \tag{3-19}$$

四、横倾纵倾计算

图 3-14 表明,大量装卸后船舶新的重心 G_1 与正浮时的浮心 B_1,在纵向横向一般都不在同一条垂线上,将会产生横倾及吃水差,则

$$\tan\theta = \frac{y_{g1}}{GM_1} \tag{3-20}$$

为计算 δt 必须看到,大量装卸重物时是由于船舶的重力 W_1 与浮力 Δ_1 不在一条垂线上,而

形成了纵倾力矩 $\Delta_1(x_{g1}-x_{b1})$。

$$t_1=\delta t=\frac{\Delta_1(x_{g1}-x_{b1})}{100MTC_1} \tag{3-21}$$

五、吃水计算

$$\left.\begin{aligned}d_{F1}&=d_F+(0.5L-x_{F1})\frac{\delta t}{L}\\d_{A1}&=d_A-(0.5L+x_{F1})\frac{\delta t}{L}\\t_1&=d_{F1}-d_{A1}=\delta t\end{aligned}\right\} \tag{3-22}$$

卸载时公式不变，只是将 P 以负数代入重心坐标计算公式及其他有关公式。

例题 4：某船 $L_{BP}=110$ m，$d_F=7.20$ m，$d_A=7.40$ m，排水量 $\Delta=8\ 165$ t。海水 $\rho=1.025\ t/m^3$，$x_F=-1$ m，$TPC=9.40$ t/cm，$MTC=83.1$ t·m/cm，$GM=0.82$ m，$GM_L=112$ m。现有重 150 t 的重物装船，坐标为（−11 m，2 m，8 m），求船舶的稳性及浮态。

解：①原平均吃水

$$d_M=\frac{7.2+7.4}{2}=7.3(m)$$

②吃水改变量

$$\frac{P}{\Delta}=\frac{150}{8\ 165}=0.018\leqslant 0.1,\text{为少量装卸}$$

$$\delta d=\frac{P}{100TPC}=\frac{150}{100\times 9.4}=0.16(m)$$

③新稳性高度

$$GM_1=0.82+(7.3+0.5\times 0.16-8-0.82)\times\frac{150}{8\ 165+150}=0.79(m)$$

④横倾角与吃水差

$$\tan\theta=\frac{150\times 2}{(8\ 165+150)\times 0.79}=0.045\ 7$$

$$\delta t=\frac{150\times(-11+1)}{100\times 83.1}=-0.18(m)$$

⑤艏艉吃水及吃水差

$$d_{F1}=7.2+0.16+(0.5\times 110+1)\times\frac{-0.18}{110}=7.268(m)$$

$$d_{A1}=7.4+0.16-(0.5\times 110-1)\times\frac{-0.18}{110}=7.648(m)$$

$$t_1=7.268-7.648=-0.38(m)$$

例题 5：某 17 500 载重吨多用途船，$L_{BP}=154$ m，$\Delta=18\ 500$ t，重心坐标为 $x_g=2.70$ m，$z_g=7.86$ m。今于甲板间舱装货 2 500 t，货物重心位于点 A（−3.9 m，−2.3 m，9 m）。试确定装货后的稳性及浮态。

解：①船舶重量及重心坐标

$$\Delta_1=18\ 500+2\ 500=21\ 000\ (t)$$

$$x_{g1} = \frac{18\,500 \times 2.7 + 2\,500 \times (-3.9)}{21\,000} = 1.914(\mathrm{m})$$

$$y_{g1} = \frac{18\,500 \times 0 + 2\,500 \times (-2.3)}{21\,000} = -0.274(\mathrm{m})$$

$$z_{g1} = \frac{18\,500 \times 7.86 + 2\,500 \times 9}{21\,000} = 8(\mathrm{m})$$

②由静水力曲线图查得

$d_1 = 8$ m, $z_{m1} = 9.25$ m, $z_{mL1} = 192.8$ m, $x_{b1} = 2.5$ m, $z_{b1} = 4.15$ m, $x_{f1} = -0.9$ m, $MTC_1 = 245.5$ t·m/cm

③稳性高度

$GM_1 = 9.25 - 8 = 1.25(\mathrm{m})$　　　　$GM_{L1} = 192.8 - 8 = 184.8(\mathrm{m})$

④横倾角度

$$\tan\theta = \frac{-0.274}{1.25} = -0.219\,2$$

$$\theta = -12.36°$$

⑤吃水及吃水差

$$\delta t = \frac{21\,000 \times (1.914 - 2.5)}{100 \times 245.5} = -0.50(\mathrm{m})$$

$$d_{F1} = 8 + (0.5 \times 154 + 0.9) \times \left(\frac{-0.5}{154}\right) = 7.747(\mathrm{m})$$

$$d_{A1} = 8 - (0.5 \times 154 - 0.9) \times \left(\frac{-0.5}{154}\right) = 8.247(\mathrm{m})$$

$$t_1 = 7.747 - 8.247 = -0.50(\mathrm{m})$$

需要重新调整配载方案,消除大的横倾角。

第七节　悬挂和自由液面对稳性的影响

一、悬挂重物对稳性的影响

1. 重物悬挂后 GM 的计算

船舶装卸货时,吊杆将货物吊离甲板或舱底后,如船舶发生横倾,货物将以悬挂点(吊杆顶)为中心产生摆动,货物的移动必然要对稳性产生影响,如图 3-15 所示。重物 P 在甲板上时,距悬挂点 N 的垂直距离为 L_Z,船舶的重心在 G 点,排水量为 Δ。P 吊离甲板后如船舶受到外力作用产生横倾角 θ,货物由 1 点移动到 2 点,外力取消后分析悬挂重物对稳性的影响,也就是分析对稳性力矩的影响。未悬挂 P 船舶横倾 θ 角时稳性力矩为

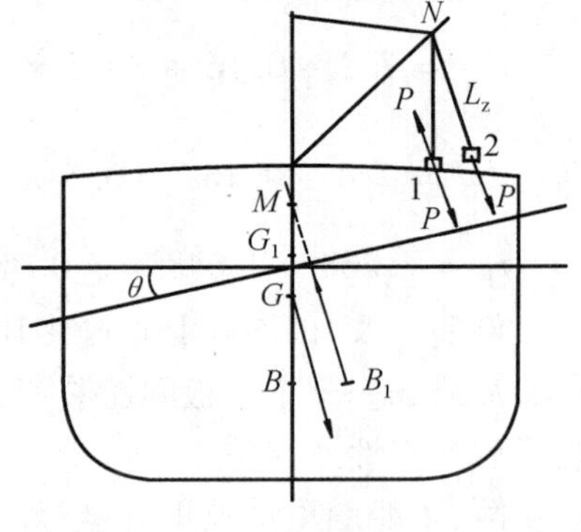

图 3-15　悬挂

$$M_R = \Delta GM\sin\theta$$

悬挂重物 P 后当船舶横倾 θ 角时,P 由 1 移至 2,可以看作 P 没有移动而是增加一个横倾力矩 $P \cdot L_Z \cdot \sin\theta$,这个力矩与稳性力矩方向相反,则悬挂重物 P 后有效的稳性力矩为

$$M_{R1} = \Delta GM\sin\theta - PL_Z\sin\theta$$

即

$$M_{R1} = \Delta(GM - \frac{PL_Z}{\Delta})\sin\theta \tag{3-23}$$

式(3-23)就是 P 悬挂后的稳性方程式。括号内的数值就相当于悬挂重物 P 后新的稳性高度 GM_1。

$$GM_1 = GM - \frac{PL_Z}{\Delta}$$

上式与重物 P 垂直上移 L_Z 对稳性影响的公式完全相同,所以我们就可以认为:重物悬挂后相当于将重物的重心升高到悬挂点 N,而且通常将重物的悬挂点 N 称为重物的虚重心。实际上船舶摇摆过程中,重物 P 的重力作用线始终通过悬挂点,就相当于 P 的重心在悬挂点 N。重物悬挂后 L_Z 总是正数,即悬挂重物总是使船舶的稳性降低,悬挂重物的重量越大悬挂点越高,船舶的稳性降低越多。

为避免因悬挂重物使船舶稳性降低发生事故,有悬挂重物时应十分谨慎,主要安全措施是:

(1)航行前要放下悬挂重物并牢固绑扎。

(2)装卸重大件货物时,要先核算稳性及最大横倾角,如超过规定横倾角必须提前采取措施,以减少横倾角。

2. 船吊装卸重货对稳性的影响

船吊装卸重货对船舶稳性及浮态的影响,主要是悬挂重物使稳性降低。装卸中形成的横倾力矩可能会使船舶产生比较大的横倾角。如果船舶稳性过低,严重时将危及船舶安全。下面具体分析单吊杆装卸重货时稳性及横倾角的变化。

(1)由码头上 A 点向船上 B 点装重货

船舶吊杆在正浮位置吊起码头上货物 P,就相当于将 P 装于吊杆顶端 N 点,如图 3-16 所示。吊杆将 P 由码头转向中线面,吊杆顶逐渐升高,稳性有所降低,因 y_N 逐渐减少,船舶的横倾角也逐渐减小。P 至中线面时 y_N 为 0,横倾角消失,吊杆顶升高到最高点 N' 时稳性最低。吊杆转向左舷并逐渐降低,船舶又向左舷横倾。吊杆转到要求位置将 P 放于舱底,相当于将 P 由吊杆顶点降至 B 点,船舶的稳性明显提高,横倾角减小。装货过程中,吊杆将 P 由码头吊起时,稳性降低较多,横倾力矩最大,这是产生最大横倾角的时机,对船舶安全影响最大。最大横倾角及这时的 GM_1 用下面公式计算

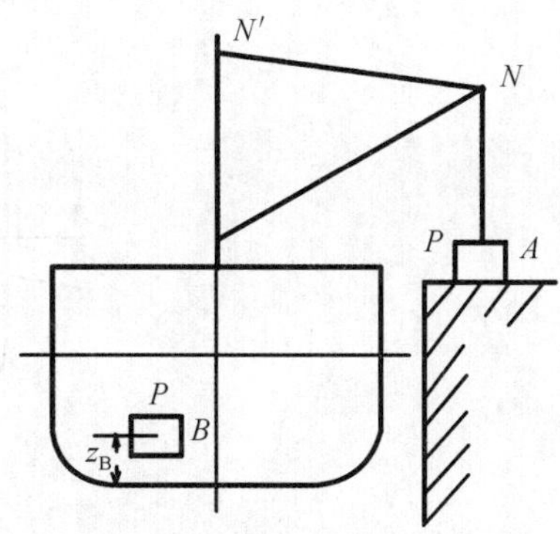

图 3-16　岸吊作业

$$GM_1 = GM + (d + 0.5\delta d - GM - z_N)\frac{P}{\Delta + P}$$

$$\tan\theta = \frac{Py_{\mathrm{N}}}{(\Delta + P)GM_1}$$

(2)由船上 B 点向码头上 A 点卸重货

吊杆将 P 由船上 B 点吊起时，相当于 P 升高到悬挂点。稳性降低但不产生横倾角。

吊杆转向码头卸货位置，货未落地前，横倾力矩最大，产生最大横倾角。这时货物只在船上移动并没离开船舶，必须使用移动重物的有关公式计算稳性及最大横倾角。

$$GM_1 = GM - \frac{P(z_{\mathrm{N}} - z_{\mathrm{B}})}{\Delta}$$

$$\tan\theta = \frac{P(y_{\mathrm{N}} - y_{\mathrm{B}})}{\Delta \cdot GM_1}$$

装卸重大件货物时，为避免码头装卸特别是过驳装卸时发生危险，要求核算产生最大横倾角时的稳性高度及最大横倾角，并规定了最大横倾角的极限值。

二、自由液面对稳性的影响

未满液体舱柜内的液体能随船舶横倾而自由流动，其液体表面称为自由液面（free surface）。液体的自由流动必然会影响船舶稳性。船舶上的压载水舱、淡水舱、燃油舱、滑油舱等液体舱柜的数量多、表面积大，对稳性的影响不可忽视。

1. 稳性高度的自由液面修正

船舶横倾时，舱柜内自由表面的液体将随之移动。小角横倾时舱内液体重心 g 移动的轨迹可认为是一段圆弧，如图 3-17 所示。如圆弧的圆心在 N 点，则船舶小角横倾时液体的重力作用线始终通过 N 点。因而圆心 N 点就是液体的虚重心。上述分析表明，自由液面对稳性的影响，相当于将液体重心升高到虚重心 N 点。液体重心升高必将使船舶重心升高稳性降低。如船舶重心由 G 点升高至 G_1 点，则经自由液面修正后的稳性高度为 GM_1。GG_1 这一段长度称为自由液面修正量。小角横倾时舱内液体重心轨迹圆弧半径 L_z 的计算公式为

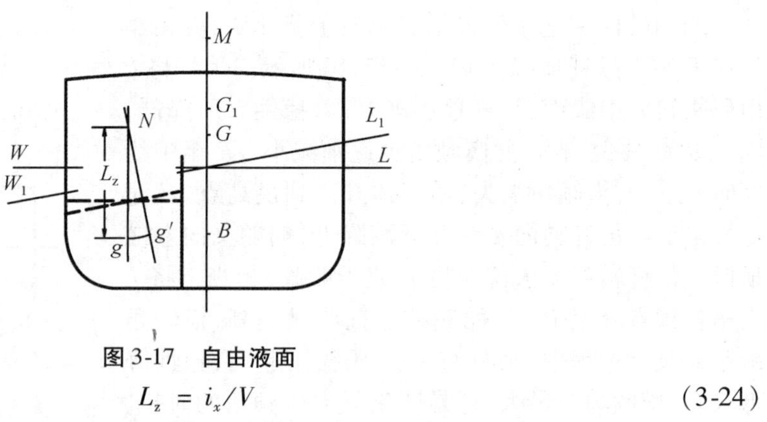

图 3-17　自由液面

$$L_z = i_x / V \tag{3-24}$$

式中：i_x——自由液面对通过其面积中心的纵轴的面积惯性矩（m^4）；

V——液体体积（m^3），$V = P/\rho$，P 为液体重量（t），ρ 为舱内液体密度（t/m^3）。

$$GG_1 = \frac{PL_z}{\Delta} = \frac{\rho V \frac{i_x}{V}}{\Delta} = \frac{\rho i_x}{\Delta}$$

$$GM_1 = GM - \frac{\rho i_x}{\Delta}$$

几个舱柜同时存在自由液面时，总的自由液面修正量是每个舱柜自由液面修正量的总和。

由上式可以看到：

(1)自由液面总是使船舶稳性降低。

(2)自由液面面积惯性矩 i_x 越大，表明液体流动的体积大、距离远，则稳性降低越多。自由液面面积大，舱柜横向宽度大，i_x 会迅速增大，舱柜内液体密度 ρ 越大流动液体越重，对稳性的影响也增大。

(3)在自由液面的 i_x 相同的条件下，船舶排水量越小稳性降低越多。

(4)自由液面对稳性的影响与舱柜内液体的总体积和总重量无关。这是因为不管舱柜下部液体有多少，总是表面液体在流动，只要自由液面相同，表面液体的流动情况就完全一样。

2. 自由液面计算资料

"船舶稳性报告书"内的船舶自由液面计算资料一般有下列三种形式。

(1)各液体舱柜自由液面修正量表

表中直接给出各液舱自由液面在不同排水量时 GM 减少的数值，如表 3-2 所列。当实际排水量与表列排水量不同时用内插法求出自由液面修正量。

例题 6：已知排水量 $\Delta = 12\ 000$ t，初稳性高度 $GM = 0.6$ m。有下列液体舱柜未装满：第一压载舱、淡水舱（右一）、燃油舱（左一）、轻柴油舱及滑油循环柜。试求自由液面修正后的初稳性高度值。

解：由表 3-2 查得 $\Delta = 12\ 000$ t 时上述舱柜初稳性高度降低值。

$GM_1 = GM - \delta GM = 0.6 - (0.068\ 0 + 0.009\ 3 + 0.038\ 2 + 0.029\ 5 + 0.002\ 7) = 0.452\ 3$(m)

(2)有些船舶资料的舱容表中给出各液体自由液面距（密度 ρ 与舱柜面积惯性矩 i_x 的积）的数值，根据 ρi_x 计算 GM 降低值。

(3)有些船舶需要按照液舱自由液面的尺寸，计算各舱 i_x 的数值，如图 3-18 所示。计算公式为

$$i_x = kL_xL_y \tag{3-25}$$

式中：i_x——舱柜自由液面对通过自由液面面积中心纵轴的面积惯性矩(m^4)；

L_x——舱柜首尾方向的长度(m)；

L_y——舱柜左右舷方向的宽度(m)；

k——自由液面面积惯性矩系数，对于矩形 $k = 1/12$。

表 3-2 各液货舱自由液面影响值(m)

舱名 / 排水量(t)	艏尖舱	第一压载舱	淡水舱（左一）	淡水舱（右一）	燃油舱（左一）	燃油沉淀舱	轻柴油舱（左）	滑油循环柜
5 000	0.008 7	0.163 2	0.015 4	0.022 4	0.091 7	0.003 0	0.070 8	0.006 4
6 000	0.008 7	0.136 0	0.012 8	0.018 7	0.076 4	0.002 5	0.059 0	0.005 3
7 000	0.006 2	0.116 6	0.011 0	0.016 0	0.065 5	0.002 1	0.050 5	0.004 6
8 000	0.005 4	0.102 0	0.009 6	0.014 0	0.057 3	0.001 9	0.044 2	0.004 0
9 000	0.004 8	0.090 7	0.008 6	0.012 4	0.051 0	0.001 7	0.039 3	0.003 6

续表

排水量(t) \ 舱名	艏尖舱	第一压载舱	淡水舱（左一）	淡水舱（右一）	燃油舱（左一）	燃油沉淀舱	轻柴油舱（左）	滑油循环柜
10 000	0.004 3	0.081 6	0.007 0	0.012 2	0.045 9	0.001 5	0.035 4	0.003 2
11 000	0.003 9	0.074 1	0.007 0	0.010 2	0.041 7	0.001 4	0.032 2	0.002 9
12 000	0.003 6	0.068 0	0.006 4	0.009 3	0.038 2	0.001 3	0.029 5	0.002 7
13 000	0.003 3	0.062 7	0.005 9	0.008 6	0.035 2	0.001 2	0.027 2	0.002 5
14 000	0.003 1	0.058 3	0.005 5	0.008 0	0.032 7	0.001 1	0.025 2	0.002 3
15 000	0.002 9	0.054 4	0.005 1	0.007 5	0.030 5	0.001 0	0.023 6	0.002 1
16 000	0.002 7	0.051 0	0.004 8	0.070	0.028 7	0.000 9	0.022 1	0.002 0
17 000	0.002 5	0.048 0	0.004 5	0.006 6	0.027 0	0.000 9	0.020 8	0.001 9
18 000	0.002 4	0.045 3	0.004 3	0.006 2	0.025 5	0.000 8	0.019 7	0.001 8
19 000	0.002 3	0.043 0	0.004 1	0.005 9	0.024 1	0.000 8	0.018 6	0.001 7
20 000	0.002 2	0.040 8	0.003 9	0.005 6	0.022 9	0.000 8	0.017 7	0.001 6
液体密度（t/m^3）	1.025	1.025	1.000	1.000	0.98	0.98	0.84	0.92

3. 减少自由液面影响的措施

(1)液舱装满或排空。为尽量消除或减少自由液面，向舱内装油水时要尽量装满。使用油水时最好一个舱用完再用另一个舱。为避免出现横倾角，左右舷对称的舱柜也可同时使用。一般装满95%以上舱容算作满舱，管系无法排出的少量液体底若小于5%舱容时可作为空舱，不考虑对稳性的影响。

(2)检查排出舱室积水。机舱轴隧等底部舱室的积水应及时排除，其他舱室特别是空货舱的意外积水，要注意检查及时排除。

(3)减少甲板上浪并保证及时顺利排出。大风浪中应尽量避免甲板严重上浪。甲板货不要堵塞舷边排水管及舷墙下的排水孔，以免影响甲板积水的排除。

(4)设置纵舱壁。增加一道纵舱壁可使自由液面对稳性的影响降为原来的1/4，增加两道纵舱壁降为原来的1/9。油船一般布置1～2道纵舱壁，以减少自由液面影响。散粮船有时在货舱内装设不水密的纵向隔板防止散装货物流动。

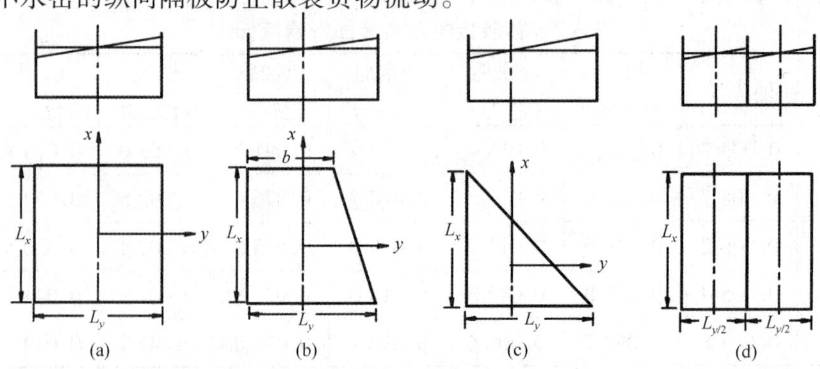

图3-18 各种形状液体舱室

第八节　大倾角横稳性及静稳性曲线

船舶倾覆事故都发生在横倾角超过 15°以后，所以从船舶安全角度研究稳性时，必须熟悉大倾角稳性(stability at large angle)。船舶的纵稳性很大，纵倾角一般不会超过 15°，因此这里只分析大倾角横稳性。

一、大倾角稳性基本特点

大倾角稳性是研究船舶在横倾力矩的作用下，横倾到甲板入水或 $\theta > 15°$ 以后，船舶新的平衡角的确定及船舶倾覆的条件。船舶大倾角横倾时抵抗外力的能力即复原能力，仍然是重力与浮力形成的稳性力矩。大倾角稳性的这些主要问题与初稳性相同，但大倾角稳性与初稳性相比有明显区别。分析初稳性时将船舶横倾角为无限小时得到的一些结论推广到 15°以内，这样做产生的误差还在允许的范围内。但横倾角超过 15°以后再使用这些结论，将会产生不允许的误差，当然也就不能再使用初稳性的一些概念和一系列计算公式，因此，研究分析大倾角稳性必须采用新的方法。同初稳性相比大倾角稳性的基本特点如下(如图 3-19 所示)：

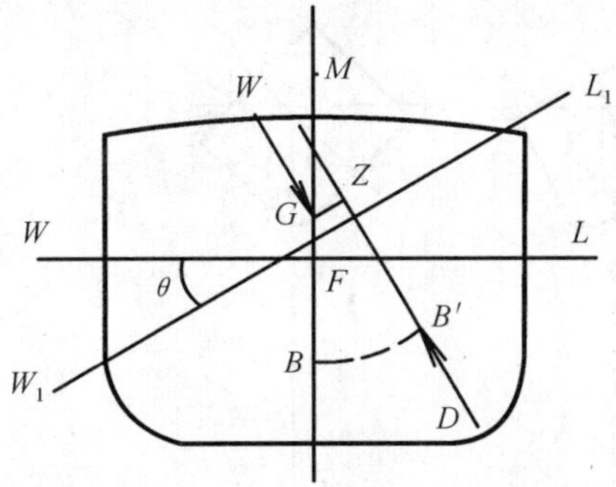

图 3-19　大倾角横倾

1. 新旧水线面的交线不通过原水线面漂心 F 点

横倾角很小时，假设水线附近是直线，可证明新旧水线面的交线通过原水线面漂心 F 点。横倾角增大，新旧水线面的交线逐渐离开 F 点。当横倾至甲板入水后，新旧水线面的交线就迅速离开原水线面漂心 F 点。新水线可以在 F 点之上也可能在 F 点之下，视具体船型及实际具体情况确定。

2. 新浮力作用线不再通过原稳心 M 点

横倾角很小时可以认为浮心曲线是一段圆弧，浮力作用线始终通过 M 点，随着横倾角的增大浮力作用线逐渐离开 M 点，横倾角超过 15° 以后浮力作用线距 M 点已经相当远，而且要迅速离开 M 点。再假设浮力作用线通过稳心 M 点就会产生不允许的误差。

3. GM 不能作为大倾角稳性标志

大倾角范围内浮力作用线不通过原 M 点，不能利用 GM 计算 $\theta > 15°$以后的稳性力矩，GM 自然不能作为大倾角稳性的标志。

4. 稳性力矩计算公式

大倾角稳性力矩不能用 GM 及初稳性方程式计算，只能根据船体形状，用近似计算法则算出不同横倾角对应的稳性力臂 GZ，通过下面公式计算不同横倾角的稳性力矩。

$$M_R = \Delta \cdot GZ$$

式中：GZ——稳性力臂(m)。

二、静稳性曲线

大倾角范围内稳性力臂 GZ 无法用公式表达，只能用近似计算方法计算。用近似计算分别算出不同横倾角(如 10°,20°,30°)船体水下体积中心的位置，即不同横倾角时浮心的位置。然后根据不同横倾角浮心和重心的相对位置，计算出不同横倾角时稳性力臂 GZ 的数值。在以横倾角 θ 及稳性力臂 GZ(常以 l_s 表示)或稳性力矩 M_R 为轴的坐标系上，将计算结果画成稳性力矩的变化曲线或稳性力臂的变化曲线。这种曲线称为静稳性曲线(statical stability curve)或简称稳性曲线，如图 3-20 和图 3-21 所示。

以稳性力矩 M_R 与以稳性力臂 GZ 为轴的静稳性曲线的形状相同。将 M_R 坐标轴上的数字除以排水量 Δ 即可改为以 GZ 为轴的静稳性曲线。稳性曲线表示一艘船舶从正浮位置开始整个横倾过程中稳性力矩(或稳性力臂)的具体变化情况，它是分析船舶大倾角稳性的基础资料。船舶稳性曲线的特征数据是：

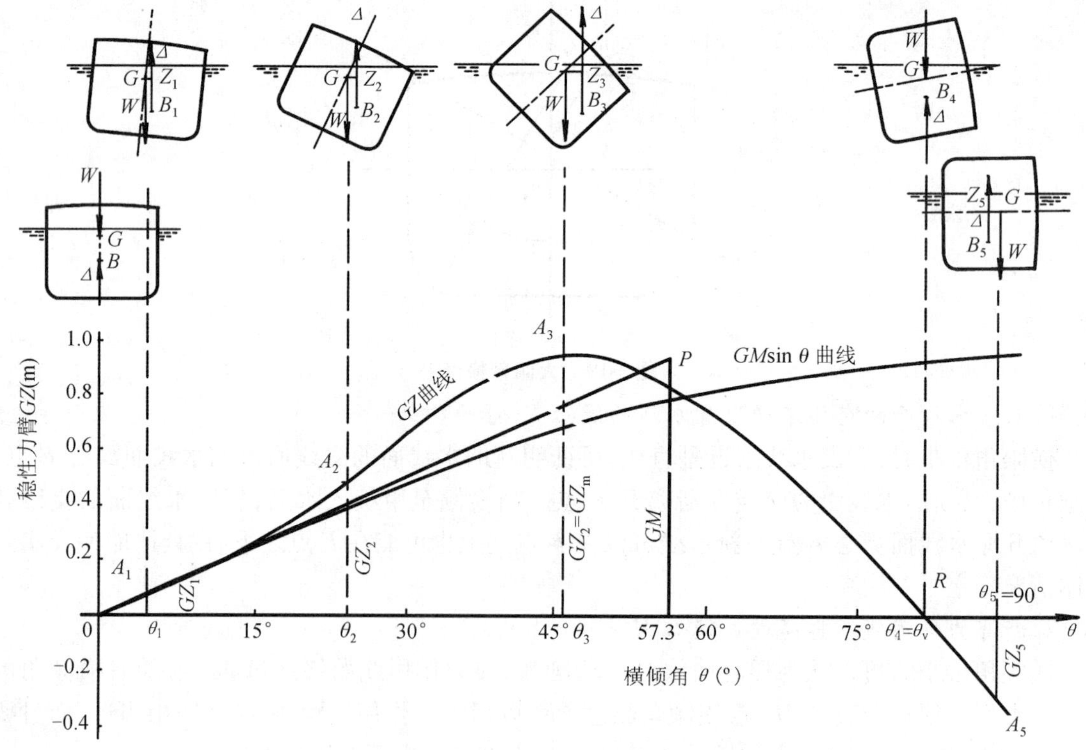

图 3-20 大倾角的稳性力臂曲线

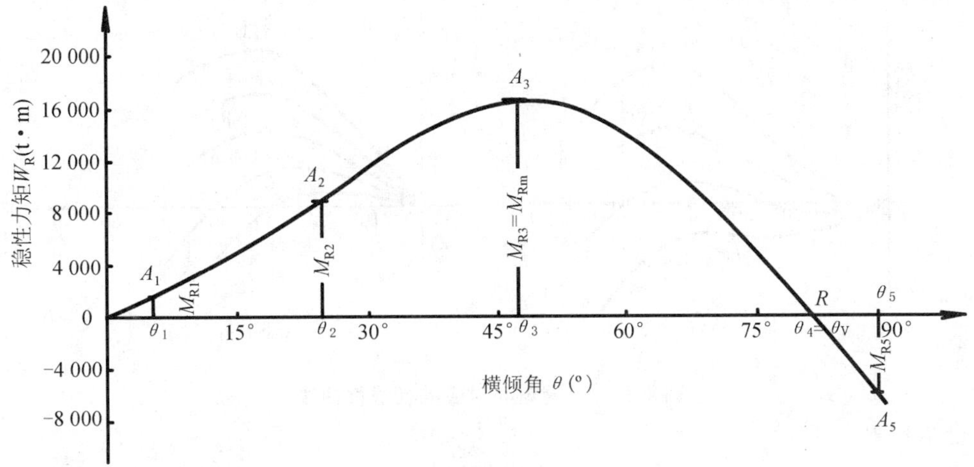

图 3-21 大倾角的稳性力矩曲线

(1)曲线的最高点是最大稳性力矩 M_{Rm}(moment of maximum stability)或最大稳性力臂 GZ_m(lever of maximum stability);

(2)最大稳性力矩处的横倾角为 θ_m,θ_m要适当,不可过小;

(3)稳性力矩或稳性力臂减少为 0 的横倾角称为稳性消失角(angle of vanishing stability)或稳性范围(range of stability),用 θ_v 表示。它表示了稳性力矩为正值具有复原能力的角度范围。

如将初稳性中的稳性方程式 $M_R=\Delta \cdot GM \cdot \sin\theta$ 或 $GZ=GM \cdot \sin\theta$ 的图形画在以 GZ 为轴的静稳性曲线上,可以看出横倾角较小时稳性曲线与稳性方程式的图形很接近并在坐标原点相切,但超过 15°以后两条线的差距很大。这也表明在大倾角范围内不能再使用初稳性方程式计算稳性力矩。

三、影响静稳性曲线的因素

1. 船舶重心高度 *KG*

一艘船舶在某一排水量时,如 *KG* 增加重心升高则 *GZ* 减少。图 3-22 是"风雷"号排水量为 17 000 t 时不同重心高度时的静稳性曲线。由于某一吃水时初稳心 *M* 点的高度是确定的,图中仍用初稳性标志 *GM* 的数值的减少表示重心位置的升高。当 *KG* 升高到一定程度如$GM=-0.4$ m,横倾角小于 α 时 *GZ* 为负值,大于 α 则 *GZ* 为正值。船舶如稍微离开正浮位置,在负稳性力矩的作用下船舶将继续横倾,超过 α 角后,正稳性力矩开始阻止船舶横倾,最后船舶稳定地停在 $GZ=0$ 的 α 角。如一个突然的外力使船舶向左舷倾斜,外力取消后,船舶又稳定地停在另一舷的 α 角。由负稳性使船舶产生的横倾角称为自倾角(angle of roll),有的资料称为永倾角。必须看到自倾角并不是不对称装卸等客观原因引起的,产生自倾角的条件是:船舶具有绝对值不大的负稳性,而且静稳性曲线的形状具有比较明显的双向弯曲。产生自倾角后船舶的表现是:出现非周期性的忽左忽右现象。

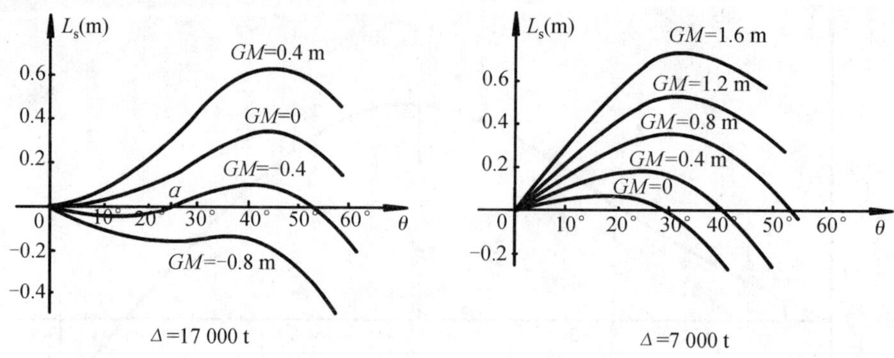

图 3-22　不同重心对应的初稳性曲线

2. 进水角 θ_f

进水角 θ_f(angle of flooding)是舷侧或上甲板以上某一未封闭开口开始进水的横倾角。进水角随吃水及排水体积而变化。船舶稳性资料中提供了进水角曲线图,图 3-23 中上图为“鹏安”号的进水角曲线图。静稳性曲线大于进水角的部分失效不能使用,并认为船舶已丧失稳性,如图 3-23 中下图所示。船舶的最大横倾角必须小于进水角。

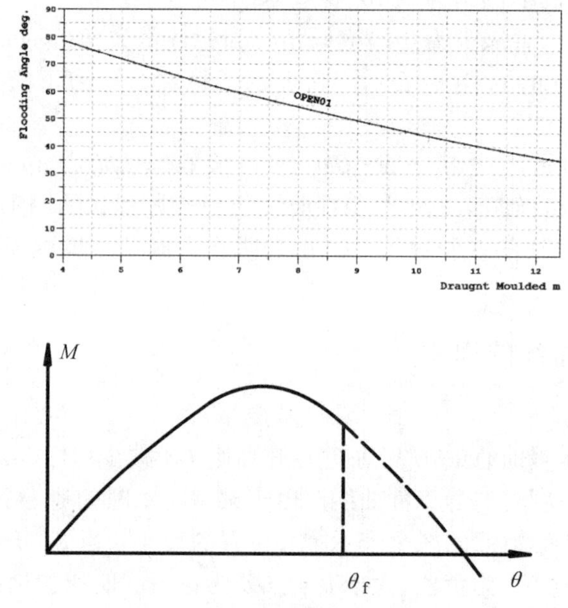

图 3-23　进水角曲线及稳性丧失示意图

静稳性曲线图的形状主要取决于船体水下形状及重心位置。随着船舶吃水变化,以及重心位置的不同,静稳性曲线图就要发生变化。

四、常用静稳性资料

在船舶资料中包含完备的图纸和计算资料,下面介绍关于静稳性的常用资料。

1. 典型装载的静稳性资料

在船舶资料的装载手册中提供典型装载稳性计算及图表,包括压载出港、压载进港、满载出港、满载进港，以及特种货物装载等各种典型装载。有的船舶资料中还涉及甲板货、无甲板货及装运部分集装箱等多种典型装载情况（见附录1）。

2. 几种排水量及几种重心高度时的静稳性曲线图

如“风雷”号货船提供有：7 000 ~ 21 000 t 等7种排水量时，每一种排水量的几种重心高度时的静稳性曲线，如图3-22所示。

3. 稳性力臂数值表

如图3-24所示，G为船舶的重心；B为正浮时的浮心；B_1为横倾θ角时的浮心；Z为G对倾斜θ角时浮力作用线的垂足；K为基点；N为K对浮力作用线的垂足；H为G对KN直线的垂足；W为船重；Δ为船舶的排水量。其稳性力臂表达式为

$$GZ = KN - KH = KN - KG\sin\theta \tag{3-26}$$

式中：KN——形状稳性力臂（lever of form stability），其大小仅与浮心横向移动距离有关，取决于船体水下形状；

KH——重量稳性力臂（lever of weight stability）其大小与重心位置的高低有关；

KG——重心距基线高。由用船人员根据当时的装载情况具体计算。

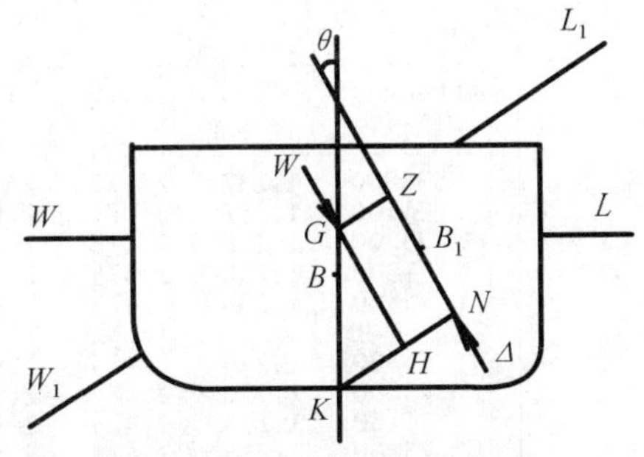

图3-24 稳性力臂

KN值由该船的稳性力臂数值表（如表3-4）查得。早期船舶资料中KN值由稳性交叉曲线图查取，如图3-25所示。

例题7：按装载情况计算出排水量为Δ = 75 900 t，KG = 6.1 m，稳性力臂数值表见表3-4所示，绘出该船的静稳性曲线图。

解：①按Δ = 75 900 t，由表3-4查得各横倾角时的KN值，填入表3-3第一行；

②将$KG \cdot \sin\theta$填入第三行；

③根据第四行得到的GZ值，绘制图3-26所示的静稳性曲线图。

表3-3 计算表

序号	横倾角(°)	0	10	20	30	40	50	60
1	KN(m)	0	2.473	4.982	7.077	8.659	9.759	10.309
2	$\sin\theta$	0	0.174	0.342	0.500	0.643	0.766	0.866
3	$KH = KG \cdot \sin\theta$(m)	0	1.061	2.086	3.050	3.922	4.673	5.283
4	$GZ = KN - KH$(m)	0	1.412	2.896	4.027	4.737	5.086	5.026

自由液面对大倾角稳性的影响，可认为与船舶重心升高的影响相同。如考虑自由液面的影响，应对KG进行自由液面修正，计算式改为以下形式：

$$GZ = KN - \left(KG + \frac{\sum \rho i_x}{\Delta}\right)\sin\theta$$

$$= KN - KG\sin\theta - \frac{\sum \rho i_x}{\Delta}\sin\theta \tag{3-27}$$

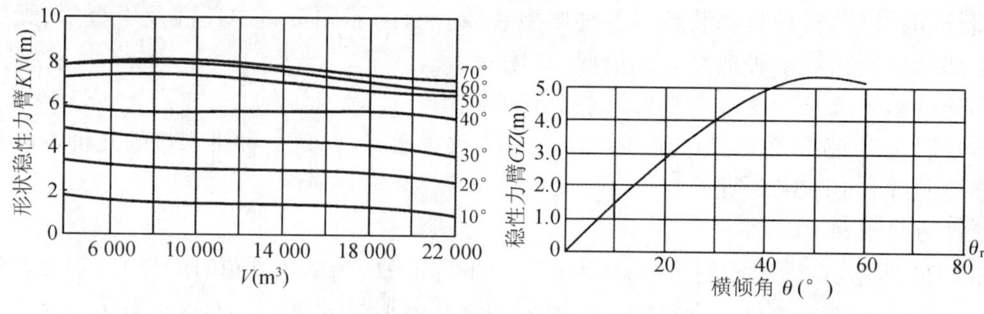

图 3-25　稳性交叉曲线图　　　　图 3-26　静稳性曲线图

表 3-4　稳性力臂数值表(节选)

Trim- 0.0 m

HEEL(deg) DISP(t)	5.0	10.0	12.0	15.0	20.0 KN(m)	30.0	40.0	50.0	60.0
75000	1.237	2.477	2.975	3.726	4.993	7.125	8.715	9.808	10.348
75100	1.237	2.476	2.974	3.726	4.992	7.120	8.709	9.803	10.344
75200	1.236	2.476	2.974	3.725	4.991	7.114	8.703	9.797	10.339
75300	1.236	2.475	2.973	3.725	4.990	7.109	8.697	9.792	10.335
75400	1.236	2.475	2.973	3.724	4.988	7.104	8.690	9.787	10.331
75500	1.236	2.475	2.973	3.723	4.987	7.098	8.684	9.781	10.326
75600	1.236	2.474	2.972	3.723	4.986	7.093	8.678	9.776	10.322
75700	1.235	2.474	2.972	3.722	4.985	7.088	8.672	9.770	10.318
75800	1.235	2.474	2.971	3.722	4.984	7.083	8.665	9.765	10.313
75900	1.235	2.473	2.971	3.721	4.982	7.077	8.659	9.759	10.309
76000	1.235	2.473	2.970	3.721	4.981	7.072	8.653	9.754	10.304
76100	1.235	2.473	2.970	3.720	4.980	7.067	8.647	9.748	10.300
76200	1.235	2.472	2.970	3.720	4.979	7.062	8.641	9.743	10.296
76300	1.234	2.472	2.969	3.719	4.977	7.056	8.635	9.738	10.291
76400	1.234	2.471	2.969	3.719	4.976	7.051	8.628	9.732	10.287
76500	1.234	2.471	2.968	3.718	4.975	7.046	8.622	9.727	10.283
76600	1.234	2.471	2.968	3.717	4.973	7.041	8.616	9.721	10.278
76700	1.234	2.470	2.967	3.717	4.972	7.035	8.610	9.716	10.274
76800	1.234	2.470	2.967	3.716	4.971	7.030	8.604	9.710	10.269
76900	1.233	2.470	2.967	3.716	4.969	7.025	8.598	9.705	10.265

第九节　动稳性

前面讨论的稳性都属于静稳性范畴,即假定外力矩缓慢地作用在船舶上,船舶倾斜得很慢,因而可以认为角速度趋于零,此时可以应用外力矩等于复原力矩的静平衡条件来确定船舶的倾角,这一倾角称为静横倾角 θ_s(statical heeling angle),如图 3-27(a)所示。船上的载荷缓慢横向水平移动以及装卸引起的倾斜力矩等都属于这种性质。

但船舶在海上航行时,经常受到突加外力矩作用,如突风吹袭、海浪冲击或拖船的紧急牵引等,外力矩的突加性质(动力性质)使船舶的倾斜过程伴随着明显的角速度,这种倾斜称为动倾斜,船舶的动倾斜要用动稳性来解决。

突然加到船舶上的力形成的是动横倾力矩。在动横倾力矩作用下,船舶的横倾具有明显的角速度。船舶在动力作用下发生倾斜(计及角加速度和惯性矩)时所具有的稳性叫作动稳性。

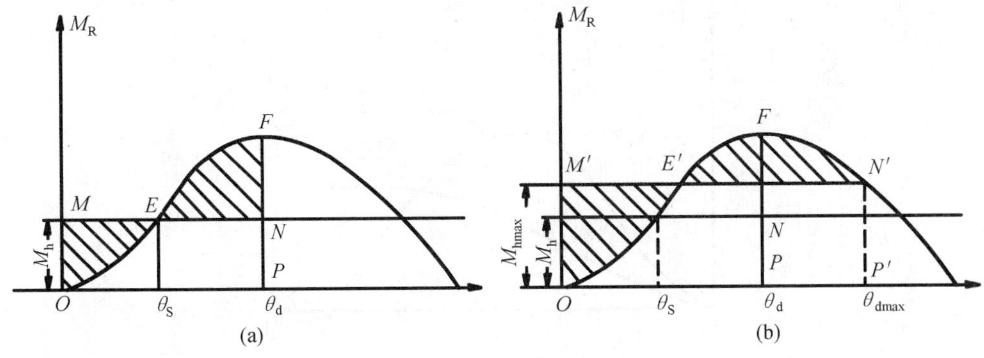

图 3-27 静稳性

一、动平衡与动平衡角

船舶在动力的作用下倾斜速度较快，且具有角加速度，因此，当横倾力矩和复原力矩相等时，由于惯性力的作用，船舶并不能在静平衡角 θ_s 位置保持静平衡，而是继续倾斜下去。只有当横倾力矩所做的功 A_h 与复原力矩所做的功 A_R 相等时，船舶的角速度才能等于零，从而停止倾斜。此时，船舶处于动平衡状态，对应的横倾角称之为动平衡角 θ_d（angle of dynamical stability）。

如上所述，船舶在动力作用下的平衡条件是横倾力矩做的功与复原力矩做的功相等。根据力矩做功原理，横倾力矩所做的功等于横倾力矩对横倾角的积分，复原力矩所做的功等于复原力矩对横倾角的积分。从静稳性曲线图上看，横倾力矩 M_h 所做的功为横倾力矩曲线（通常假定为一次线性直线）下的面积，其高为横倾力矩 M_h 值，而船舶复原力矩所做的功则为静稳性曲线下的面积。如图 3-27（a）所示，当面积 *OMNP* 等于面积 *OEFNP* 时，满足动平衡条件。除去其共有部分的面积 *OENP*，船舶动平衡条件实际表现为要求面积 *OME* 等于面积 *EFN*，而动平衡角为线段 *FP* 所对应的横倾角。显然，动平衡角要比静平衡角大得多。

二、最小倾覆力矩

如图 3-27（b）所示，增大横倾力矩，船舶在面积 *OM′E′* 等于面积 *E′FN′* 时达到动平衡，则此时的横倾力矩称为极限横倾力矩 M_{hmax}（maximum heeling moment）。它表示船舶在动平衡条件下所能承受的横倾力矩的极限值。当船舶实际受到的横倾力矩大于其所能承受的横倾力矩极限值时，船舶动平衡遭到破坏，船舶就会倾覆，所以这个横倾力矩的极限值又称为最小倾覆力矩 M_q，即能使船舶倾覆的最小外力矩，它是衡量船舶动稳性的重要指标。从动稳性角度考虑，保证船舶不致倾覆的条件是，实际所受到的横倾力矩必须小于最小倾覆力矩。最小倾覆力矩所对应的动平衡角称为极限动平衡角 θ_{dmax}（maximum angle of dynamic inclination）。

三、动稳性曲线

动稳性曲线（curve of dynamical stability）是表示动稳性力矩（即复原力矩做的功）或动稳性力臂与横倾角的关系曲线。

在动稳性曲线图上，横坐标数值表示横倾角 θ 的大小，纵坐标数值为动稳性力矩或动稳性力臂 l_d，其形式如图 3-28 所示。

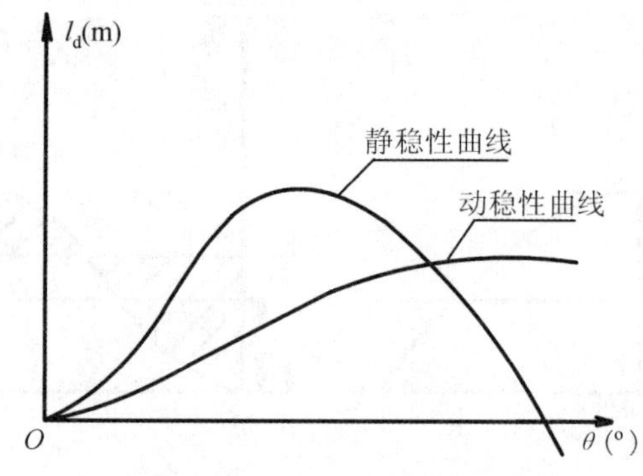

图 3-28 动稳性力臂

不同横倾角时的复原力矩做的功 A_R 就是相应横倾角时的静稳性曲线所包围的面积。曲线下的面积有各种近似计算方法，常用的有辛氏法和梯形法。

利用动稳性曲线可以在已知横倾力矩 M_h 的情况下求动平衡角，也可以求取最小倾覆力矩 M_q 以及极限动平衡角 θ_{dmax}。船舶装载手册中提供了多种典型装载情况下的静稳性曲线图和动稳性曲线图。运用静稳性曲线图和动稳性曲线图，都可以确定某一情况下的最小动倾覆力矩或最小动倾覆力臂，后者较为简便准确。

第十节　稳性规范及稳性调整措施

在船舶稳性规范中，船舶检验部门按照船舶的航区、用途和装载情况等因素，规定了在营运中必须保证的船舶稳性的最低基本要求和特殊要求。船舶设计建造部门必须按规范要求设计建造船舶。本节介绍我国海事局《国内航行海船法定检验技术规则》(2011)的基本内容。

一、航区

航区划分为以下四类：

(1)远海航区：系指国内航行超出近海航区的海域；

(2)近海航区：系指中国渤海、黄海及东海距岸不超过 200 n mile 的海域；台湾海峡；南海距岸不超过 120 n mile(台湾岛东海岸、海南岛东海岸及南海岸距岸不超过 50 n mile)的海域；

(3)沿海航区：系指台湾岛东海岸、台湾海峡东西海岸、海南岛东海岸及南海岸距岸不超过 10 n mile 的海域和除上述海域外距岸不超过 20 n mile 的海域；距有避风条件且有施救能力的沿海岛屿不超过 20 n mile 的海域。但对距海岸超过 20 n mile 的上述岛屿，将按实际情况适当缩小该岛屿周围海域的距岸范围；

(4)遮蔽航区：系指在沿海航区内，由海岸与岛屿、岛屿与岛屿围成的遮蔽条件较好、波浪较小的海域。在该海域内岛屿之间、岛屿与海岸之间的横跨距离应不超过 10 n mile。

距海岸远的海区海水深度大，海面宽广，风浪较大，而且避风比较困难，因而对船舶稳性应有更高的要求。

二、稳性衡准数

稳性衡准数的实质是要求船舶在各种装载情况下，在规定海区正横方向受到常见最大风浪的联合作用下船舶不倾覆。规范规定了四种主要装载情况：满载出港、满载进港、压载出港、压载进港。海浪的影响是使船舶发生摇摆运动，风的影响是风压力产生一个动横倾力矩作用在船舶上。风浪联合作用下最容易发生翻船事故的时机，是船舶摇摆到最大角度（即横摇摆幅）时低舷受突风动横倾力矩的作用后，船舶将向另一舷做大幅度横摇。稳性衡准数就是要求船舶在各种装载时，船舶摇摆到常见最大横摇摆幅低舷受突风作用时的最小倾覆力矩，不小于常见最大规定强度的突风动横倾力矩，如图 3-29 所示。

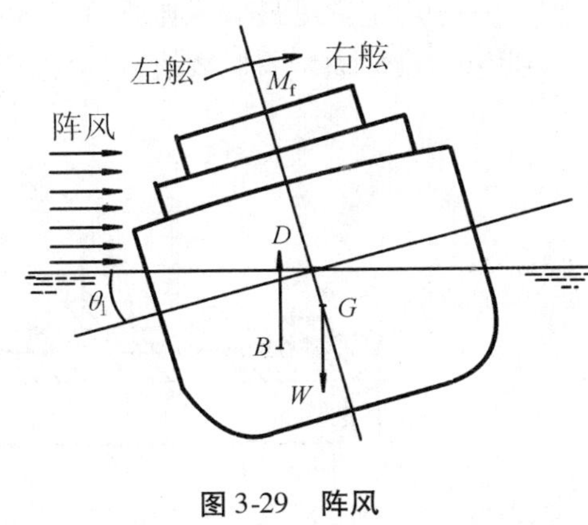

图 3-29　阵风

1. 常见最大横摇摆幅 θ_1

对圆舭形船舶，横摇角 θ_1 按下式计算：

$$\theta_1 = 15.28 C_1 C_4 \sqrt{\frac{C_2}{C_3}} \tag{3-28}$$

式中：C_1——取决于船舶自由横摇周期及航区；

C_2——取决于重心高度与吃水的比值；

C_3——取决于船舶的宽度吃水比 B/d 值；

C_4——取决于船舶类型及舭龙骨尺寸。

2. 最小倾覆力矩 M_q 或最小倾覆力臂 l_q

最小倾覆力矩（臂）是根据常见最大横摇摆幅在静稳性曲线图上用作图法确定的。绘出符合当时装载情况的两舷的静稳性曲线图，如图 3-30 所示。两舷静稳性曲线对称于坐标原点，在左舷 θ_1 及右舷 θ_f（进水角）之间，使面积 A 等于面积 B 的横倾力矩即此时船的最小倾覆力矩 M_q。

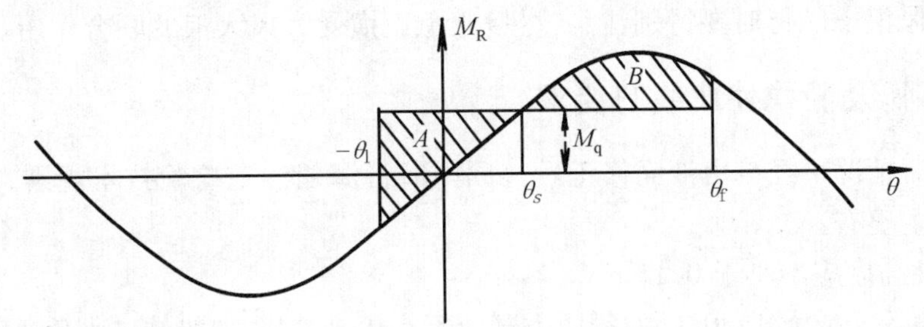

图 3-30　最小倾覆力矩

3. 突风动横倾力矩 M_f

$$M_f = 0.001 p \cdot A_f \cdot z \tag{3-29}$$

式中：A_f——船舶受风面积(m^2)，由船舶稳性资料中查取，如图 3-31 所示；

z——受风面积中心至水面垂直高度(m)；

p——规定常见最大风压强度(kg/m^2)，由图 3-32 按航区选取。

突风动横倾力臂 l_f的数值，可以用 M_f的数值换算。

$$l_f = \frac{M_f}{\Delta} \tag{3-30}$$

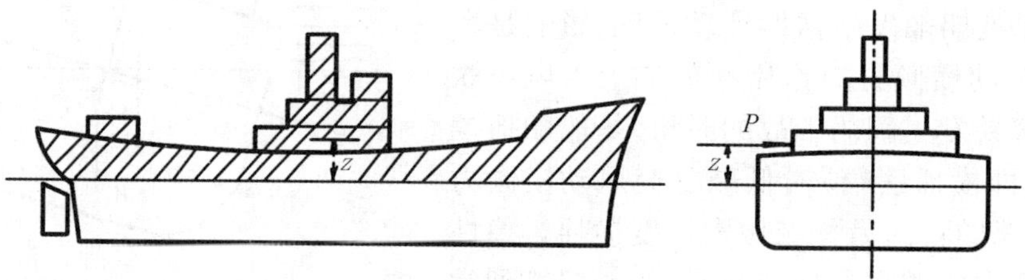

图 3-31　侧向受风

4. 稳性衡准数

要求船舶在各种装载下的稳性衡准数 K 均应满足以下不等式

$$K = \frac{M_q}{M_f} \geqslant 1 \quad 或 \quad K = \frac{l_q}{l_f} \geqslant 1 \tag{3-31}$$

5. 对稳性衡准数应有的认识

(1)稳性衡准数表示船舶正横受风时船舶的抗风浪能力。即船舶在各种装载情况下，摇摆到常见最大横摇摆幅时低舷受规定强度的突风作用这种最不利情况下，要求船舶的最小倾覆力矩仍比规定突风动横倾力矩大，才能保证船舶不发生倾覆事故。按规定的突风最大风压强度分析，各种航区船舶的抗风能力分别是：Ⅰ类航区船舶 10 级风；Ⅱ类航区船舶 8 级风；Ⅲ类航区船舶 6 级风。

(2)顶风顶浪或偏风偏浪航行时，风压强度 p 明显降低，船舶的抗风能力还能进一步提高。

(3)由图 3-30 可以看出船舶在风浪中摇摆时的极限安全横摇角(即极限动横倾角)仍然是进水角。

(4)考虑计算时作了简化及采用近似计算，装载不当还会降低船舶的稳性及抗风浪能力，所以船舶在大风浪中航行时要特别注意，尽量避免正横受大风大浪的联合作用。

三、对 *GM* 及静稳性曲线的要求

在各种装载情况下经自由液面修正后，《国内航行海船法定检验技术规则》对 *GM* 和静稳性曲线的要求主要有：

(1)初稳性高度应不小于 0.15 m。

(2)横倾角等于或大于 30°处的复原力臂应不小于 0.2 m，如船体进水角小于 30°，则进水角处的复原力臂应不小于该规定值。

(3)船舶最大复原力臂所对应的横倾角应不小于 25°，如进水角小于最大复原力臂所对应的横倾角，则进水角即为最大复原力臂所对应的横倾角。

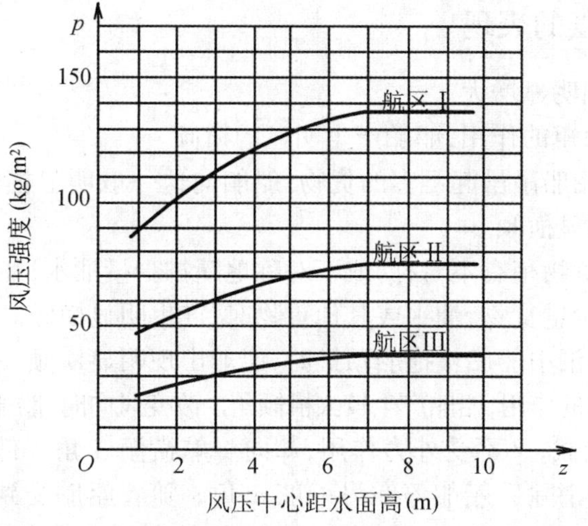

图 3-32 风压强度

四、临界重心高度

稳性的各项要求中的每一项都取决于船舶的重心高度 KG 及船体水下形状(或排水量),即每一艘船舶在任何排水量时,各项稳性要求都取决于船舶的重心高度 KG,而且随着船舶重心高度的升高,各项指标都向坏的方向发展。

能同时满足稳性各项要求的最大船舶重心高度,称为船舶的临界重心高度,或极限重心高度。

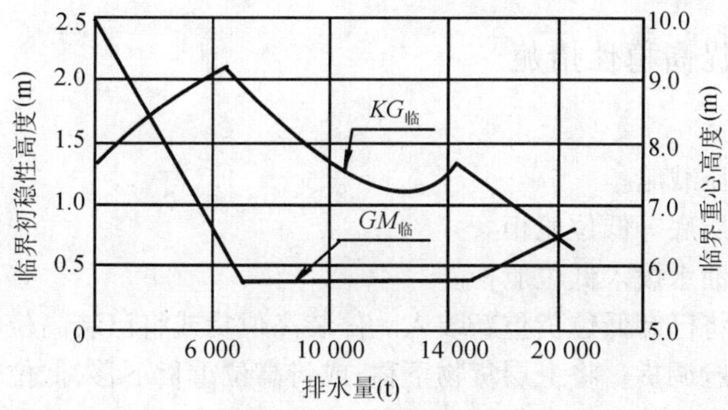

图 3-33 临界初稳性高度及临界重心高度

$$KG \leqslant KG_{临} \tag{3-32}$$

因为

$$GM_{临} = KM - KG_{临} \tag{3-33}$$

能同时满足稳性各项要求的最低稳性高度,称为船舶的临界稳性高度,如图 3-33 所示。要求各种装载时船舶的实际稳性高度 GM 必须不小于临界稳性高度,即

$$GM \geqslant GM_{临} \tag{3-34}$$

五、船舶稳性过低的表现

(1)船舶的横摇周期明显增大。

(2)受到较小横倾力矩的作用,船舶产生明显的横倾。

①从码头或过驳船用船吊吊起不多的货物,船舶向这一舷明显横倾。吊杆将货物移向另一舷,船舶又向另一舷明显横倾。

②装载中左右舷的货物稍有不对称,或不对称地灌排少量油水,船舶出现明显横倾。

③船舶上横向移动少量货物、油水或其他重物时,产生明显横倾。

④航行中用舵时、系泊中船舶被拖船顶推时,船舶出现明显横倾。

⑤受三四级以下风力的作用,船舶产生较大横倾角。改变风向时,船舶随之改变横倾方向。

(3)船舶已经对称装载,又不受外力作用,却向一舷横倾 α 角。低舷受不大外力作用,船舶又向另一舷横倾,外力消除后船舶停在另一舷 α 角。随着船舶受到横向力的方向变化,船舶出现非周期性的忽左忽右现象。这些现象表明,船舶由于存在危险的负稳性而产生了自倾角。

(4)偏顺浪航行时产生大幅度的横摇。偏顺浪航行中出现波长等于船长的情况时船舶的稳性会产生很显著的变化。这是因为波浪表面使船舶水下体积形状和浮心位置发生明显变化。垂荡运动的惯性力也有一定影响,波谷在船中时稳性比静水中增大,而波峰在船中时稳性比静水中明显降低。顶浪时波峰在船中停留的时间很短,而顺浪航行波速接近船速、波长接近船长时,可能出现波峰长时间在船中的不利情况,这时受到偏浪航行产生的较小的横倾力矩船舶就会产生大幅度横倾,严重时船舶将迅速倾覆。据统计,船舶顺浪和偏顺浪航行时失事的概率,几乎与横浪时相等。船长在 20 ~ 40 m 的小型船舶最容易出现这种危险情况。

六、运输船舶提高稳性措施

(1)降低船舶重心。

①对称灌注低位压载舱。

②将油水装入双层底等低位舱柜。

③将高位舱柜的油水拨入低位舱柜。

④停卸低位货或将已卸低位货重新装入。停装高位货或将已装高位货卸下。

⑤到就近港口倒舱调货。将上层货物下移,或将高位重货下移,低位轻货上移。

⑥清除甲板和上层建筑上海水凝结的冰层。

⑦紧急时将低位空油舱灌入海水。

⑧紧急时可考虑将可移动的甲板货抛弃入海。

(2)调整油水舱并排出积水,尽量减少自由液面。

(3)绑扎固定可滚动移动的货物和设备用具。

(4)放下吊杆并固定,改用岸吊装卸货物。

(5)适当改变航向、航速,避开波长接近船长、波速接近船速、波峰长时间在船中的不利情况。

1. 已知船舶重量为 14 190 t，今有船内重物 10 t 自左舷水平横移到右舷，移距为 18 m，试求船舶重心移距及其方向。

2. 已知船舶重量为 16 700 t，今有船内重物 100 t 自底舱上移 12 m 后，又水平右移 9 m，试求船舶重心移距及其方向。

3. 已知船舶重量为 16 700 t，今有船内重物 50 t 自艏部水平后移 60 m，试求船舶重心移距及其方向。

4. 测得船舶吃水 $d=6.5$ m，用静水力曲线求船舶在海水中的排水量。

5. 有一断面为圆形的筒体平浮于水面，长 60 m，直径 10 m，吃水 5 m，试求其稳心半径。如吃水为 8 m/15 m，其稳心半径又为多少？

6. 已知箱形船和剖面为等腰三角形尖端向下的棱柱体船，如下图所示，它们的船长 $L=100$ m，$B=10$ m，$d=5$ m，试求两船的初稳心半径和稳心距基线高分别为多少？

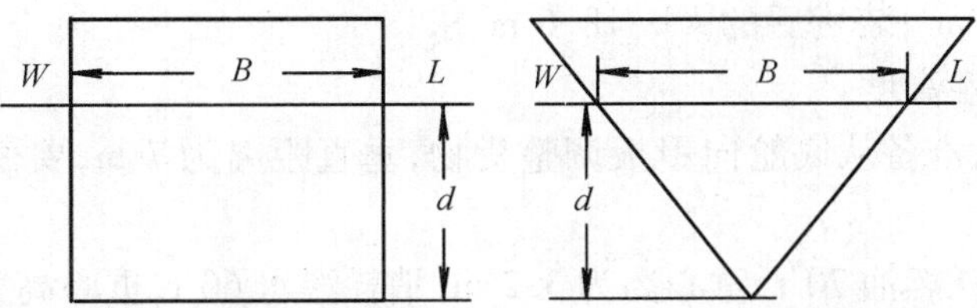

7. 某船排水量 $\Delta=5\ 150$ t，初稳性高度 $GM=0.5$ m，船向左横倾 3°。为使船舶恢复正浮状态，需将甲板货物平横移动 5 m，试求应移动的货物的重量和方向。

8. 某船 $\Delta=17\ 000$ t，$d_F=7.58$ m，$d_A=8.78$ m，船舶重心距基线高 $KG=7.9$ m，船长 $L_{BP}=147$ m，漂心坐标 $x_f=4.4$ m，$MTC=176$ t · m/cm，将船内 100 t 压载水自第三压载舱（重心在船中后 32.2 m）拨到第一压载舱（重心在船中前 53.9 m），试求调水后艏、艉吃水和吃水差。

9. 某船 $\Delta=16\ 200$ t，$d_F=7.96$ m，$d_A=7.76$ m，船舶重心距基线高 $KG=8.2$ m，船长 $L_{BP}=147$ m，漂心坐标 $x_f=-0.394$ m，$MTC=112$ t · m/cm，今欲将吃水差调整为 $t=-1.2$ m，需从第一压载舱（重心在船中前 55.5 m）拨到第五压载舱（重心在船中后 56.5 m）多少吨压载水？

10. 某船 $\Delta=7\ 200$ t，船舶重心距船中 $x_g=-5.1$ m，船长 $L_{BP}=147$ m，各舱大量装货的数据如下表所示，求装货后的艏、艉吃水和吃水差。

项目	重量（t）	重心距船中（m）	纵向力矩（t · m）
第一货舱	950	53.5	
第二货舱	3 000	34.7	
第三货舱	3 300	11.9	
第四货舱	2 440	-33.1	
第五货舱	1 550	-55.1	
合计			

11. 上题中船舶出港后在中途港大量卸货:第一舱卸货 400 t,第二舱卸货 1 200 t,第三舱卸货 1 450 t,第四舱卸货 1 050 t,第五舱卸货 500 t。求卸货后的艏、艉吃水。

12. 某船 $\Delta = 12\ 200$ t,$d_F = 6.4$ m,$d_A = 6$ m,$TPC = 22.7$ t/cm,$MTC = 161.5$ t · m/cm,漂心坐标 $x_f = -1.42$ m,船长 $L_{BP} = 147$ m,今将 100 t 货物装载于第四货舱(重心在船中后 35 m)。计算装货后的艏、艉吃水。

13. 某船 $\Delta = 42\ 000$ t,$d_F = 9.8$ m,$d_A = 10.6$ m,$B = 26.8$ m,$GM = 1.4$ m,船舶重心距基线高 $KG = 8.2$ m,船长 $L_{BP} = 180$ m,漂心坐标 $x_f = -1$ m,$MTC = 490$ t · m/cm,$TPC = 40$ t/cm,今将 150 t 压载水由前压载舱(重心在 A 点)拨到后压载舱(重心在 B 点),$A(64.1, 5.8, 2)$,$B(-53.5, -4.2, 6)$。计算移动后的稳性和浮态。

14. 某船 $\Delta = 19\ 503$ t,$GM = 0.78$ m,在第三货舱内有重大件货物 100 t,今用船上重吊将其吊离舱底,其初始重心至悬挂点的距离为 22 m,问此悬挂重大件将使船舶的稳性降低多少米?在货物的吊高过程中,稳性是否改变?假定重大件初始位置在纵中剖面,重货转到码头后,水平横移 15 m,求横倾角。

15. 某船空船排水量为 5 300 t,重心高为 8 m。装货 3 400 t,重心高度为 7 m,装淡水 120 t,装满长 9 m,宽 7 m 的水舱,重心高度为 2.5 m;装燃油 180 t,装满长 12 m,宽 8 m 的油舱,重心高为 3 m,密度为 0.9 t/m^3;装货后的 $KM = 8.6$ m,求:

(1)装货后的稳性高度。

(2)因稳性过大,准备从底舱向甲板调整货物,垂直距离为 7 m,要使稳性降至 1 m,应移动多少吨货物?

(3)航行途中消耗燃油 70 t,重心高为 3.2 m,消耗淡水 60 t,重心高为 2.7 m,已知此时的 $TPC = 14$ t/cm,求经自由液面修正后的稳性高度。

16. 思考题:大倾角稳性力臂曲线图中(图 3-20),GM 值为什么对应 57.3°(1 rad)?

17. 试述船舶稳性过低时会出现的现象并分析原因。

18. 在营运中可以采取哪些措施提高船舶稳性?

第四章 抗沉性

船舶遭遇海损,一舱或数舱进水后,仍能漂浮于水面,并保持一定浮态和稳性能力称为船舶的抗沉性,它是船舶安全方面需要考量的重要性能。

第一节 概 述

船舶的抗沉性主要是通过储备浮力和水密舱室布置来保证的。船舶破舱进水后,会下沉和倾斜,并使稳性发生变化。如果进水量过大,就会使储备浮力丧失过多,造成船舶失去浮性从而沉没,或者因为稳性不足而倾覆。相关规范对破舱稳性和浮态有明确要求。

一、对破舱稳性和浮态的要求

1. 破损稳性(或剩余稳性)

2008 年《国际航行海船法定检验技术规则》(以下简称"《规则》")规定船舶破损进水后,客船在对称浸水情况下,应至少有 50 mm 的正值剩余初稳性高度。

2. 破损后的吃水

《规则》规定:船舶破舱进水后的最小干舷为 76 mm(3 in)。在船舷处,将低于舱壁甲板上表面至少 76 mm 处所绘的曲线称为限界线(margin line)。船舶破舱进水后的破舱水线不得超过限界线。

3. 破损后的横倾

对于船舶不对称浸水,经采取平衡措施后产生的横倾角的要求是:客船一般不超过 7°,当两个或两个以上相邻舱室同时浸水时,不超过 12°。

二、进水舱的分类

船舶破舱进水时，根据船舱进水情况的不同，进水舱可分为下列三类：

第Ⅰ类舱——舱顶在水线之下，船体破损后海水灌满整个舱室，但舱顶未破损。进水量不随破损后船舶的漂浮位置而变，且没有自由液面。破损的双层底、在水线以下的深舱即属于这类舱，如图 4-1(a)所示。

第Ⅱ类舱——舱内的水不与舷外水相通，水未充满整个舱室，其进水量根据具体情况确定，但存在自由液面。为调整船舶的纵、横倾而故意灌水的舱室，以及船体破洞已被堵塞但水还没有抽干的舱室即属于这类舱，如图 4-1(b)所示。

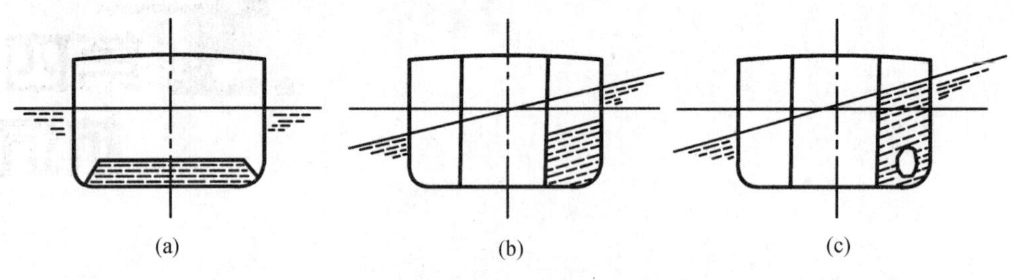

图 4-1　进水舱

第Ⅲ类舱——舱顶在水线以上，舱内的水与舷外水相通，进水量随着破损后船舶的漂浮位置而变化，舱内水面与舷外水平面一致，存在自由液面。这是最典型的进水舱的情况，如图4-1(c)所示。

对第Ⅰ、Ⅱ类舱，进水量通过计算可以确定为固定值，在计算浮态和稳性时，可以认为船舶完好无损，把进水量视为增加的载荷，可利用第三章第五、六节的知识进行计算，其中第Ⅱ类舱还应考虑自由液面的影响。这种计算方法称为重量增加法。

对第Ⅲ类舱原则上也可以用重量增加法进行计算，但此时的进水量需由船舶的最终水线来确定，只能用逐步逼近的近似方法计算，比较麻烦。用浮力损失法比较方便。该法认为破舱前后船舶的重量重心没有变化，只是把破舱后的进水区域看成不属于船体的一部分，该部分已不再提供浮力，损失的浮力需要通过增加吃水来补偿。

第二节　船舶分舱

本节以国际航行客船为例介绍分舱相关定义和要求。

一、渗透率

计算破损进水量时，必须考虑到处所内船体结构、设备、机械和货物等占去的容积。某处所实际浸水体积 v_1 与该处所容积 v_0 的百分比，称为该舱的容积渗透率(permeability)，用 μ_v 表示。当该处所延伸至限界线以上时，其容积应仅计至限界线的高度处。表 4-1 列出渗透率的统计平均值。

表 4-1　渗透率的统计平均值

舱室名称	渗透率	低渗透率货物	渗透率	较高渗透率货物	渗透率	一般杂货	渗透率
客舱、船员住室	95%	面粉(包装)	29%	家具(箱装)	80%	羊肉、皮	55%
双层底、尖舱	95%						
蒸汽机舱	80%	牛油(箱装)	20%	机器(箱装)	85%	羊皮	55%
柴油机舱	85%						
锚链舱、煤舱	60%	罐装食物	30%	车胎	85%	烟草	67%
行李舱、轴隧	60%						
邮件间、储藏间	60%	软木(包装)	24%	汽车	95%	橡胶	70%

$$\mu_v = \frac{v_1}{v_0} \times 100\% \tag{4-1}$$

为计算破损稳性的需要,其面积和容积渗透率一般满足表 4-2 的规定。

表 4-2　舱室处所的渗透率

处所	渗透率
货物、煤或物料储藏处所	60%
起居处所	95%
机器处所	85%
液体处所	0% 或 95% ①

注①:部分装载舱的渗透率应与该舱所装载液体的量相一致。装载液体的舱一旦破损,应假定所装载的液体从该舱全部流失,并由海水替代至最后平衡的水线面。

二、可浸长度

沿船长方向,以某一点作为舱室长度的中点建立舱室时,该舱在规定分舱载重线和规定平均渗透率条件下破舱进水,使破舱水线与限界线相切的舱室长度,称为该点的可浸长度(floodable length),用 L_f 表示。

三、许可舱长

以某点为中心建立舱室时,实际允许采用的最大舱室长度,称为这一点的许可舱长,用 L_p(permissible length)表示。为了保证船舶具有较高的抗沉能力,许可舱长要小于可浸长度。

$$L_p = F \cdot L_f \tag{4-2}$$

式中:F——分舱因数(factor of subdivision),为等于或小于 1 的常数。

$0.5 < F \leqslant 1$ 时,许可舱长大于可浸长度的 1/2,但不超过可浸长度。船舶能保证任何一个舱室单独破损进水时,破舱水线不超过限界线,船舶的抗沉能力为一舱不沉制。

$0.33 < F \leqslant 0.5$ 时,许可舱长大于可浸长度的 1/3,但不超过可浸长度的 1/2。船舶完整稳性应足以支持两相邻主舱的浸水,船舶的抗沉能力为二舱不沉制。

$F \geqslant 0.33$ 时,许可舱长不超过可浸长度的 1/3,船舶完整稳性应足以支持相邻三主舱的浸水，船舶的抗沉能力为三舱不沉制。

可见分舱因数 F 是决定抗沉性要求的一个关键因素，它的具体数值与船舶的长度、特定处所容积等有关，在规则中有明确规定。将全船的可浸长度和许可舱长用曲线图的方式示意，如图 4-2 所示。

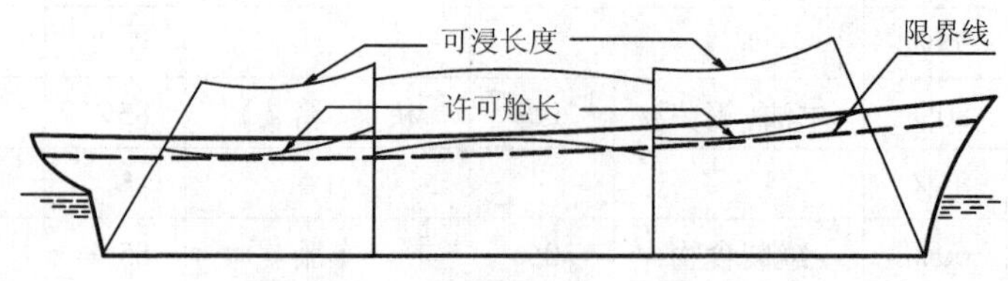

图 4-2 可浸长度与许可舱长

第三节 破损稳性计算

船舶的抗沉性是用水密舱壁将船体分隔成适当数量的舱室来保证的，要求当一舱或数舱进水后，船舶的下沉不超过规定的极限位置，并保持一定的稳性。在船舶静力学中，抗沉性问题包括下列两个方面的内容：

(1)船舶在一舱或数舱进水后浮态及稳性的计算；

(2)从保证船舶抗沉性的要求出发，计算分舱的极限长度，即可浸长度的计算。

本节主要介绍船舶在一舱或数舱浸水后浮态及稳性的计算，常用两种基本方法：船舱破损进水后，如进水量不超过排水量的 10% ~ 15%，可以应用初稳性公式来计算船舶进水后的浮态和稳性；若进水量超过此限制，可以根据《国际航行海船法定检验技术规则》中分舱和破舱稳性的有关要求进行计算。

一、利用初稳性公式计算舱室的浮态及稳性

计算方法包括增加重量法和损失浮力法，其误差一般在允许范围之内。

(1)增加重量法：把破舱后进入船内的水看成是增加的液体重量。

(2)损失浮力法(固定排水量法)：把破舱后的进水区域看成是不属于船的，即该部分的浮力已经损失，损失的浮力通过增加吃水来补偿。这样，对于整个船舶来说，其排水量不变。因此损失浮力法又称为固定排水量法。

1. 第Ⅰ类舱室的浮态及稳性计算

在计算中假定：

(1)舱室在进水前是空的，即渗透率 $\mu_v = 1.0$；

(2)进水量不大(不超过排水量的 10% ~15%)。

此类舱室，用增加重量法进行计算比较方便，可直接应用第三章中的有关结论。

如图 4-3 所示，船在舱室进水前浮于水线 WL 处，艏、艉吃水为 d_F 及 d_A(平均吃水为 d)，排水量为 Δ，横稳性高为 GM，纵稳性高为 GM_L，水线面面积为 A_W，漂心纵向坐标为 x_F，设进水舱的体积为 V，其重心在 $C(x,y,z)$处。可把进入该舱的水看成是在 C 处增加了重量为 $P=\rho V$ 的

液体载荷,且没有自由液面。因此,舱室进水后船舶的浮态及稳性可按下列步骤进行计算。

(1)平均吃水的增量

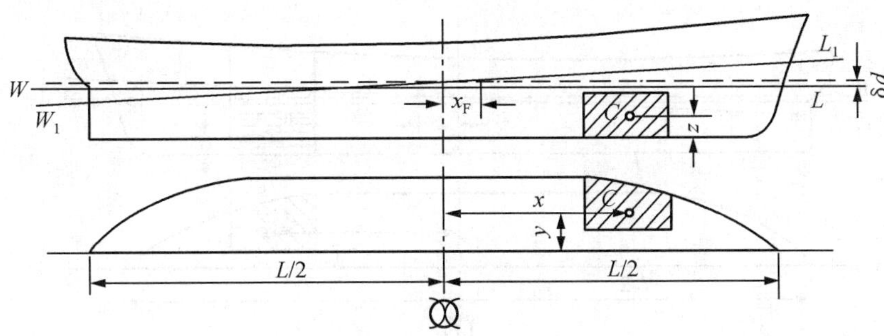

图 4-3　第Ⅰ类舱室

$$\delta d = \frac{P}{\rho A_w}$$

(2)新的横稳性高

$$G_1M_1 = GM + \frac{P}{\Delta + P}\left(d + \frac{\delta d}{2} - z - GM\right)$$

(3)新的纵稳性高

$$G_1M_{L1} = \frac{\Delta}{\Delta + P}G_1M_L$$

(4)横倾角正切

$$\tan\varphi = \frac{Py}{(\Delta + P)G_1M_1}$$

(5)纵倾角正切

$$\tan\theta = \frac{P(x - x_F)}{(\Delta + P)G_1M_{L1}}$$

(6)由于纵倾而引起的艏、艉吃水变化

$$\delta d_F = \left[\frac{L}{2} - x_F\right]\frac{P(x - x_F)}{(\Delta + P)G_1M_{L1}}$$

$$\delta d_A = -\left[\frac{L}{2} + x_F\right]\frac{P(x - x_F)}{(\Delta + P)G_1M_{L1}}$$

(7)船舶最后的艏、艉吃水

$$d'_F = d_F + \delta d + \delta d_F$$
$$d'_A = d_A + \delta d + \delta d_A$$

2. 第Ⅱ类舱室的浮态及稳性计算

此类舱内的水虽与船外海水不相联通,但因舱室未被灌满,故存在自由液面。在用增加重量法进行计算时,应考虑到自由液面对稳性的影响。

如图 4-4 所示,船舶原浮于水线 WL 处,排水量为 Δ,艏、艉吃水为 d_F 和 d_A(平均吃水为 d),横稳性高为 GM,纵稳性高为 GM_L,水线面面积为 A_W,漂心纵向坐标为 x_F。设进水舱的体积为 V,$P = \rho V$ 为增加的液体载荷,其重心在 $C(x, y, z)$ 处,进水舱内自由液面对于其本身的纵向主轴和横向主轴的惯性矩分别为 i_x 及 i_y。对于这类舱室进水以后船舶的浮态及稳性可按下列步骤进行计算。

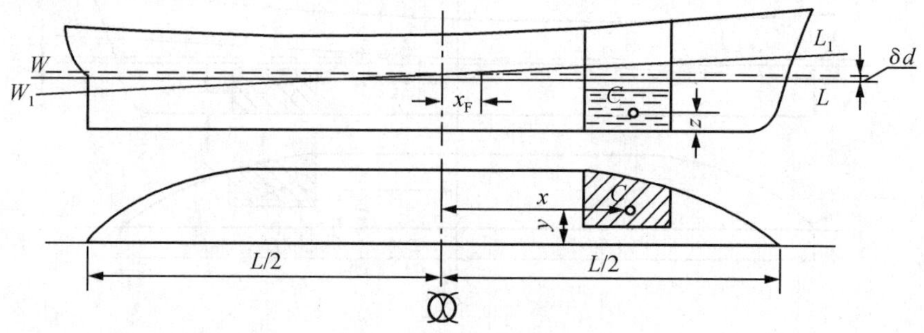

图 4-4　第Ⅱ类舱室

(1)平均吃水的增量

$$\delta d = \frac{P}{\rho A_w}$$

(2)新的横稳性高

$$G_1M_1 = GM + \frac{P}{\Delta + P}\left(d + \frac{\delta d}{2} - z - \overline{GM}\right) - \frac{\rho i_x}{\Delta + P}$$

(3)新的纵稳性高

$$G_1M_{L1} = \frac{\Delta}{\Delta + P}GM_L - \frac{\rho i_y}{\Delta + P}$$

(4)横倾角正切

$$\tan\varphi = \frac{Py}{(\Delta + P)G_1M_1}$$

(5)纵倾角正切

$$\tan\theta = \frac{P(x - x_F)}{(\Delta + P)G_1M_{L1}}$$

(6)由于纵倾而引起的艏、艉吃水变化

$$\delta d_F = \left[\frac{L}{2} - x_F\right]\frac{P(x - x_F)}{(\Delta + P)G_1M_{L1}}$$

$$\delta d_A = -\left[\frac{L}{2} + x_F\right]\frac{P(x - x_F)}{(\Delta + P)G_1M_{L1}}$$

(7)船舶最后的艏、艉吃水

$$d'_F = d_F + \delta d + \delta d_F$$

$$d'_A = d_F + \delta d + \delta d_A$$

3. 第Ⅲ类舱室的浮态及稳性计算

这类舱室破损进水后,舱内的水面与船外海水保持同一水平面,其进水量需由最后的水线来确定,而最后的水线位置又与进水量有关。因此,用增加重量法进行计算就很不方便。对于这类舱室宜采用损失浮力法来进行计算,并认为舱室进水后船的排水量和重心位置保持不变。

如图 4-5 所示，船舶原浮于水线 WL 处，排水体积为 Δ，吃水为 d，横稳性高为 GM，纵稳性高为 GM_L，水线面面积为 A_W，漂心 F 的纵向坐标为 x_F。设进水舱在水线 WL 以下的体积为 V，重心在 $C(x,y,z)$ 处，该舱在 WL 处的进水面积为 a，其形心在 $f\ (x_a,y_a)$ 处，a 称为损失水线面面积。

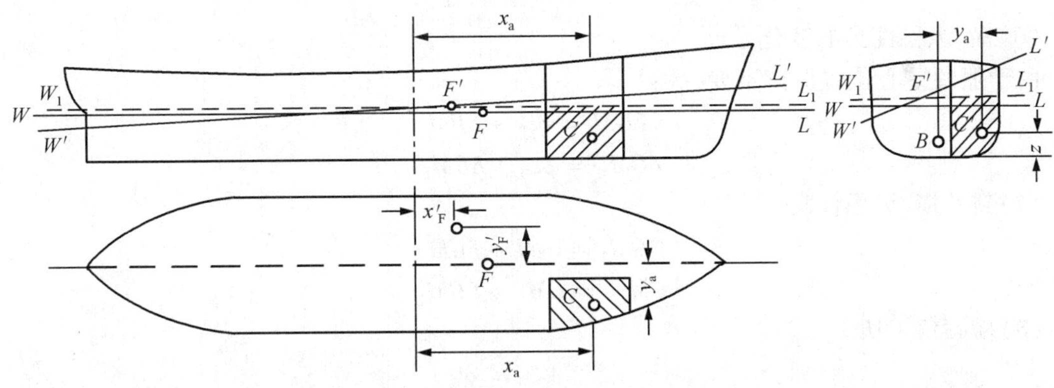

图 4-5 第Ⅲ类舱室

当海水进入该舱后，船舶即损失了浮力 ρV，但因船的重量没有改变，故需下沉至 W_1L_1 处以获得补偿浮力，方能使船舶保持平衡。这样便可按下列步骤进行计算。

(1)平均吃水的增量

$$\delta d = \frac{V}{A_W - a}$$

式中：$(A_W - a)$ 为剩余水线面面积，又称有效水线面面积。

(2)剩余水线面面积的漂心位置 $F'(x'_F, y'_F)$

(3)剩余水线面面积 $(A_W - a)$ 对通过其漂心 F' 的横向及纵向惯性矩

$$I'_T = I_T - (i_x + a y_a^2) - (A_W - a) {y'}_F^2$$

$$I'_L = I_L - [i_y + a(x_a - x_F)^2] - (A_W - a)(x'_F - x_F)^2$$

式中：I_T 和 I_L 分别为原水线面面积 A_W 对通过其漂心 F 的横向及纵向惯性矩；i_x 和 i_y 分别为损失水线面面积 a 对通过其本身形心 f 的横向及纵向惯性矩。

(4)浮心位置的变化

损失浮力 ρV_1 的作用点在 $C(x,y,z)$ 处，而补偿浮力 $\rho\delta d(A_W - a)$ 的作用点在 $\left(x'_F, y'_F, d + \frac{\delta d}{2}\right)$ 处。可以认为：由于 ρV 自 (x,y,z) 处移至 $\left(x'_F, y'_F, d + \frac{\delta d}{2}\right)$ 处而引起了船舶浮心位置的移动。根据重心移动原理可知，破舱以后船舶浮心位置的变化为：

$$\delta x_B = -\frac{V(x - x'_F)}{\nabla}$$

$$\delta y_B = -\frac{V(y - y'_F)}{\nabla}$$

$$\delta z_B = -\frac{V\left[z - \left(d + \frac{\delta d}{2}\right)\right]}{\nabla}$$

(5)横、纵稳心半径的变化

$$\delta \overline{BM} = \frac{I'_{T}}{\Delta} - \frac{I_{T}}{\Delta}$$

$$\delta \overline{BM} = \frac{I'_{L}}{\Delta} - \frac{I_{L}}{\Delta}$$

(6)横、纵稳性高的变化

由于船的重心位置保持不变,故:

$$\delta GM = \delta z_{B} + \delta BM$$
$$\delta GM_{L} = \delta z_{B} + \delta BM_{L}$$

(7)新的横、纵稳性高

$$GM_{1} = GM + \delta GM$$
$$GM_{L1} = GM_{L} + \delta GM_{L}$$

(8)横倾角正切

$$\tan\varphi = \frac{V(x - y'_{F})}{\Delta \cdot GM_{L1}}$$

(9)纵倾角正切

$$\tan\theta = \frac{V(x - x'_{F})}{\Delta \cdot GM_{L1}}$$

(10)由于纵倾引起的艏、艉吃水变化

$$\delta d_{F} = \left[\frac{L}{2} - x'_{F}\right]\frac{V(x - x'_{F})}{\Delta \cdot GM_{L1}}$$

$$\delta d_{A} = -\left[\frac{L}{2} - x'_{F}\right]\frac{V(x - x'_{F})}{\Delta \cdot GM_{L1}}$$

(11)船舶最后的艏、艉吃水

$$d'_{F} = d_{F} + \delta d + \delta d_{F}$$
$$d'_{A} = d_{F} + \delta d + \delta d_{A}$$

4. 一组舱室进水的浮态及稳性计算

在一组舱室同时破损的情况下,可将其看成相当于一个等值舱进水,即船舶的浮态及初稳性可根据此等值舱进行计算。为此,首先需要算出此等值舱的有关数据。

(1)等值舱的进水体积

$$V = \sum V_{i}$$

(2)等值舱的重心位置

$$x = \frac{\sum V_{i}x_{i}}{\sum V_{i}}, y = \frac{\sum V_{i}y_{i}}{\sum V_{i}}, z = \frac{\sum V_{i}z_{i}}{\sum V_{i}}$$

对于第三类舱室,还需算出:

(3)等值舱在原来水线处的损失水线面面积

$$a = \sum a_{i}$$

(4)等值舱损失水线面面积的形心坐标

$$x_a = \frac{\sum a_i x_{ai}}{\sum a_i} \quad y_a = \frac{\sum a_i y_{ai}}{\sum a_i}$$

将所得到的等值舱数据代入前面的有关公式中,便可算出船舶在一组舱室破损后的浮态和稳性。

应该指出,本节中所用的计算公式都是根据初稳性公式而得,只有在进水量不大(不超过排水量的10% ~15%)的情况下,才能获得比较正确的结果。此外,在本节中推导有关计算公式时,假定进水舱是空的,即渗透率 $\mu_v = 1.0$。事实上各进水舱的 μ_v 总是小于1.0。因此,应根据进水舱的实际渗透率,先算出进水重量 $P = \mu_v \rho V$ 及实际的自由表面面积或损失水线面面积 $\mu_v a$,然后再按有关公式计算船舶在破舱后的浮态和稳性。

二、根据《国际航行海船法定检验技术规则》计算破舱稳性的基本原理

不断发生的大量海损事故,使人们认识到船舶分舱及船舶破损后其生存能力的重要性。鉴于船舶在海上航行发生的海损事故具有很大的随机性质,因此用概率计算方法研究船舶抗沉性的衡准更为合理。为此,1990 年召开的第 58 次 IMO 海上安全委员会(MSC)通过了MSC. 19(58)决议,根据大量海损资料而确立的概率计算方法为基础的“货船分舱和破舱稳性规则”,放在 1974 年 SOLAS 公约第Ⅱ-1 章 B 部分之后作为 B-1 部分,从而形成了 1974 年 SOLAS 公约的 1990 年修正案。我国将此规则放在《海船法定检验技术规则》第八篇“分舱和破舱稳性”中作为第三章,于 1992 年 2 月 1 日起生效。因而对国际航行货船的破舱稳性有了强制性要求。

1. 要求

除需满足确定性破舱要求以外,规则认为当以下衡准得到满足时,货船才达到应有的破损安全程度。

(1)分舱因数:$A \geqslant R$。

式中,A 表示船舶能达到的分舱因数,R 表示船舶被要求的分舱因数。

(2)在最深分舱载重线并假定不限制垂向破损范围,位于艏尖舱壁之前的所有舱室破损后的残存概率 S_i 必须等于1。被要求的分舱因数 $F = (0.002 + 0.0009 \cdot L_s)^{1/3}$。

式中:L_s 为分舱长度,系指船舶处于最深舱载重线时限制垂向浸水范围的甲板及其以下部分最大投影型长度。

很明显,船舶分舱长度 L_s 越长,对船舶分舱的要求越高。

2. 能达到的分舱因数 A

船舶达到的分舱因数 A 应按下式计算:

$$A = \sum p_i s_i$$

式中:i ——表示所考虑的每一个舱或舱组;

p_i——表示所考虑的舱或舱组可能浸水的概率,不考虑任何水平分隔;

s_i——表示所考虑的舱或舱组浸水后的生存概率,包括任何水平分隔的影响。

第四节　船舶抗沉能力分析

由于计算船舶抗沉能力时的设计条件与船舶的营运条件常有不同程度的差别,必然使船舶的抗沉能力有所变化。只有正确认识船舶的抗沉能力,才能在应急情况下及时采取正确有效的安全措施。

(1)船舶抗沉性的计算条件是:在满载水线破舱进水时,进水量按规定的平均渗透率计算。船舶在装运包装面粉、箱装牛油、罐装食物及包装软木等低渗透率货物时,实际渗透率比设计渗透率小,因而实际破舱进水量比设计进水量可能明显减少。这时船舶的抗沉能力将有所提高。但在装运钢材、生铁、汽车、箱装机器等高渗透率货物时,实际渗透率比设计渗透率大,因而实际进水量比设计进水量可能明显增大,这时船舶抗沉能力将有所降低。即使仅是一舱破损进水,而破舱水线也可能要超过限界线。

(2)如果船舶在压载或半载航行时破舱进水,由于这时的干舷和储备浮力比满载时的干舷和储备浮力明显增大,船舶的抗沉能力将得到提高。

(3)按照许可舱长布置舱室后,能保证船舶发生规定范围内的破舱进水时,船舶的破舱水线不超过限界线,但是不一定能达到抗沉性规范规定的最低稳性要求。这是因为营运中船舶稳性的变化范围较大,而且货舱进水后会产生大量的自由液面,对船舶稳性影响较大。特别是空货舱进水时,自由液面的影响更是举足轻重。如破舱前船舶的完整稳性较小,破舱后可能因存在大量自由液面而丧失稳性,从而导致船舶倾覆。这也是压载航行时必须保持较大稳性高度的一个重要原因。因此,船舶满足稳性规范规定的稳性最低要求时破舱进水,破舱稳性可能不能满足抗沉性规范规定的稳性最低要求。

(4)艉机型船舶因为机舱处于船体尖瘦的尾部,而布置主机、辅机需要相当大的机舱面积和容积,当机舱需要的长度超过那里的许可舱长时,经验船部门批准,船长小于 225 m 的艉机型船舶机舱长度可以不满足一舱制要求。如果机舱破损进水,这种船舶的破舱水线必定超过限界线,所以船长小于 225 m 的艉机船在碰撞已经不可避免的危险情况下,应尽量设法避免机舱破损进水。实际上为了保持船舶的机动能力,任何船舶在危急情况下都应尽量保证机舱的完整性。

(5)抗沉性规范对船长小于 100 m 的货船,没有提出抗沉性要求。在船长小于 100 m 的货船中,有些布置了足够的横舱壁,能满足一舱制要求。然而也确有一些船舶的横舱壁较少,货舱的数量少、长度大,达不到一舱制要求,必须特别注意。

(6)滚装船由于车辆舱无横舱壁,抗沉能力很低,一旦车辆舱破损进水可能较快沉没。

(7)船舶破损进水后,必须采取抢救措施,积极组织船员进行堵漏排水和平衡船体工作,因为一舱进水后船舶虽然不沉,但是船舶的干舷和稳性都很小,只能在平静的海面维持漂浮,船舶的抗风浪能力很低,实际上船舶仍然处于比较危险的状态,所以船舶破舱进水后必须充分利用堵漏排水设备,发挥船员的积极作用,争取尽快恢复到较好的浮态和稳性。即使在破损较重的情况下,也要进行堵漏排水工作,以减少进水量,争取时间采取其他抢救措施。为了提高船舶破舱进水后船员的应变能力,平时就要认真组织船员进行相关的训练和演习。做好船体及水密设备(货舱盖、水密门、舷窗、通风筒盖等)的日常保养修理工作,切实保持船体及水密设备的强度和水密性。

习 题

1. 判断:抗沉性主要是通过储备浮力和水密舱室布置这两个条件来保证的。 ( )

2. 判断:船舶破损进水后,客船以及其他船(包括货船)的剩余稳性高度的最低极限值是:$GM \geqslant 0.05$ m。 ( )

3. 判断:进水舱的分类是根据进水舱顶与水线的关系,以及进水舱是否有自由液面来进行划分的。 ( )

4. 判断:抗沉能力为一舱不沉制的船舶,船舶能保证任何一个舱室单独破损进水时,破舱水线不超过限界线。 ( )

5. 判断:船舶破损稳性的两种基本计算方法:进水量不超过排水量的10% ~15%,可以应用初稳性公式来计算船舶进水后的浮态和稳性;若进水量超过此限制,可以根据《海船法定检验技术规则》。 ( )

6. 以下货物中,渗透率最高的货物是( )。

A. 面粉　　B. 软木　　C. 汽车　　D. 烟草

7. 如果船舶在压载或半载航行时破舱进水船舶的抗沉能力将得到( )。

A. 提高　　B. 降低　　C. 不变　　D. 无影响

8. 通常来说,抗沉性最差的船舶为( )。

A. 散货船　　B. 集装箱船　　C. 滚装船　　D. 油船

9. 船舶破舱进水后进水舱分类,并画出示意简图。

10. 简述自由液面对船舶抗沉性的影响。

11. 名词解释:船舶的可浸长度、许可舱长。

第五章 船体强度

船体结构能够抵御内、外作用力的能力称为船体强度(hull strength)。

第一节　概　述

船舶是一种水上的浮动建筑物。钢质船舶的船体结构是由钢板和型钢连接而成的。船体结构(简称船体)的内部作用力是指在建造过程中,由于工艺因素造成结构内部留存的残余应力,需要在整个工艺过程中加以监控。船体的外部作用力(简称外力)是指重力、浮力、船体摇荡运动的惯性力、风浪作用力(特别是波击力)等,在它们的作用下船体将产生应力和应变。船体在外力作用下,应能保证具有足够的强度、刚度和稳定性。

对于运输船舶,船体强度主要是指总纵强度(longitudinal strength)和局部强度(local strength)。

总纵强度——将船体视作一根空心变断面两端自由支持的梁,研究整个船体结构抵御总纵弯曲、总纵剪切力和总纵扭转的能力。承担总纵强度的构件主要是沿纵向连续的构件,称为纵向连续构件,如船壳板、内底板、船底和舷侧及甲板的纵桁及纵骨等。船体总纵强度是否足够,其衡准条件为:设计静水弯矩和设计静水剪切力处于许用静水弯矩和许用静水剪切力范围内,或者构件的计算应力小于等于材料的许用应力,即

$$\left.\begin{aligned}\sigma &\leqslant [\sigma] \\ \tau &\leqslant [\tau]\end{aligned}\right\} \tag{5-1}$$

式中:σ——计算弯应力;

$[\sigma]$——许用弯应力;

τ——计算剪切应力；

$[\tau]$——许用剪切应力。

计算应力根据构件所受外力和构件的几何要素确定。许用应力根据构件所用材质的机械强度和安全系数确定。在总纵强度中，首先要检验总纵弯曲强度（longitudinal bending strength）是否足够。对于固体或液体散货船，当交叉装载时，则其总纵剪切强度（longitudinal shearing strength）应予重视。对于具有甲板大开口的船舶（如集装箱船），则还应校核总纵扭转强度（longitudinal torsion strength）。船体扭转是由于沿船长单位长度上重力和浮力横向不在一条垂线上所造成的。

局部强度——研究船体结构中某小构件或部分结构承受相应载荷的能力。如船底板架的强度计算，是把肋板与船底纵桁所组成的船底板架，看作是支持在刚性比它本身大得多的舷侧与舱壁上。在外荷重作用下，计算它在舷侧与舱壁之间所产生的弯曲变形与剪切强度。又如甲板板架、舱壁、肋骨框架等的强度计算，都属于局部强度问题。

在船体结构中有些构件，如船底板架，在外荷重作用下，既参加船体的总纵弯曲变形，又参加局部弯曲变形，在计算这类构件的强度时，必须分别计算出总纵强度的应力与局部强度的应力，然后将其叠加起来，作为校验这类构件强度的总应力。

本章以总纵弯矩为主介绍船体强度。

第二节　总纵弯矩和剪力计算

一、作用在船体上的外力

作用在船体上的外力很多，如重力、浮力、惯性力、螺旋桨的推力、水对船舶的阻力、波浪的冲击力等。由于惯性力、螺旋桨的推力、水对船舶的阻力、波浪的冲击力对船体总纵弯曲影响很小，且计算复杂，故在总纵弯曲力矩计算中忽略不计，因此，使船体产生总纵弯曲的外力主要是重力和浮力。重力包括船体、机器设备、燃料、淡水、各种备品、压载水、货物等各项重量。浮力是指船舶在平静水中或静置于波中，舷外水对船体压力的合力。根据浮体平衡条件，从整体上讲，船舶重力和浮力大小相等，方向相反，并作用于同一条垂线上。但从局部而言，沿船长方向某一区段内的局部重力与浮力并不总是大小相等，而这就是产生总纵弯矩和总纵剪力的根本原因。

在总纵弯矩作用下，使船体沿船长产生纵向弯曲变形。当船体出现船中部上拱、首尾下垂的纵向弯曲变形状态时，称为中拱（hogging）。当船体出现船中部下垂、首尾上翘的纵向弯曲变形状态时，称为中垂（sagging）。

船体产生中拱与中垂的纵向弯曲，取决于船舶的配载情况和船舶相对于波浪的位置。船舶在静水中也会产生中拱或中垂，这主要取决于船舶的布置与装载情况。当船首尾载荷过大时会出现中拱状态，反之会出现中垂状态。

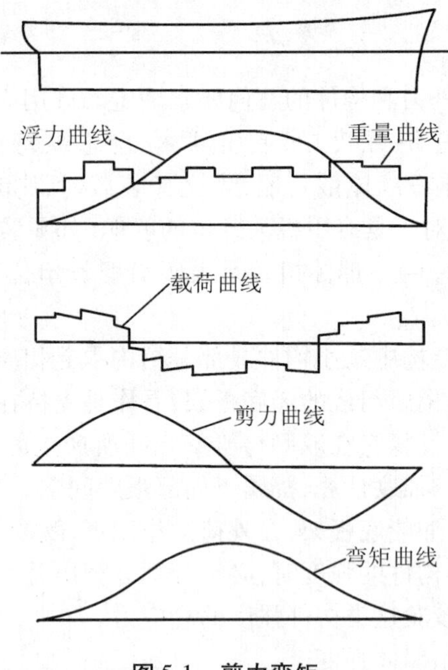

图 5-1　剪力弯矩

二、计算静水剪切力和静水弯矩

1. 初始平衡条件

将船舶静置于水中(still water),根据平衡条件应满足:重力和浮力共垂线。

2. 重量曲线

将船长分成 20 等份的分段,在每一分段内的船舶重量除以分段距离(通常取 $L/20$),得该分段的单位长度重量 ω,从而绘出 $\omega_x=\omega(x)$ 重量曲线(weight curve)。

3. 浮力曲线

单位长度排水量 ρA_x,A_x 为 x 处浸水的横剖面面积,绘出 $\rho A_x = f_A(x)$ 浮力曲线(buoyancy curve)。

4. 载荷曲线

单位长度上的载荷 $q_x=\omega_x-\rho A_x$,单位长度重量和排水量间的差值曲线,即为 $q_x = f_q(x)$ 载荷曲线(load curve)。

5. 剪力和弯矩曲线

根据梁的弯曲理论,在 x 横剖面处的剪力 F_x 和弯矩 M_x 表达式为

$$\left.\begin{aligned} F_x &= \int_0^x q_x \mathrm{d}x = \int_0^x (\omega_x - \rho A_x)\,\mathrm{d}x \\ M_x &= \int_0^x N_x \mathrm{d}x = \int_0^x \int_0^x (\omega_x - \rho A_x)\,\mathrm{d}x^2 \end{aligned}\right\} \tag{5-2}$$

根据 $q_x = f_q(x)$,利用近似积分法可求得 $F_x = F(x)$ 剪力曲线(shear curve)和 $M_x = M(x)$ 弯矩曲线(bending moment curve)。计算表明,一般船舶最大剪力约位于距艏艉 $L/4$ 处,最大弯矩约位于船中处,如图 5-1 所示。

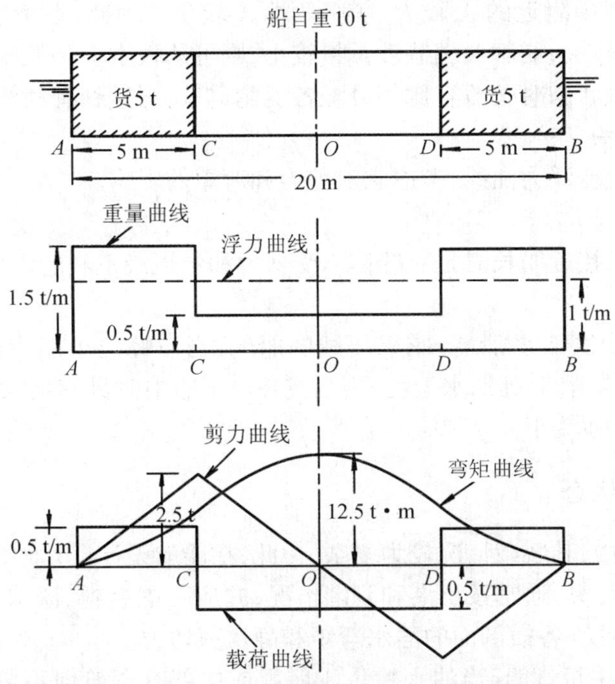

图 5-2 箱形驳船剪力弯矩曲线

下面举例说明作用在船体上的重量、浮力、载荷、剪力和弯矩的曲线绘制。

例题 1:图 5-2 为一箱形驳船,船长 20 m,船本身重量为 10 t 并沿船长均匀分布,在船两端各 5 m 长度内,装载均匀分布的货物各为 5 t,该船静置于平水面上。求作用在船上的重量、浮力、载荷、剪力与弯矩,并绘出相应曲线、最大弯矩和剪力及其相应的位置。

解:①重量曲线:船体单长重量 $\omega_{hx} = 10/20 = 0.5$ t/m;货物单长重量 $\omega_{cx} = 5/5 = 1$ t/m。

②浮力曲线:单长排水量 $\rho A_x = 20/20 = -1$ t/m。

③载荷曲线:$q_x = 1.5 - 1 = 0.5$ t/m(*AC* 和 *DB* 段);$q_x = 0.5 - 1 = -0.5$ t/m(*COD* 段)。

④剪力曲线:根据式(5-2), $F_A = 0$;$F_C = 0.5 \times 5 = 2.5$ t;$F_O = 2.5 - 0.5 \times 5 = 0$;$F_D = 0 - 0.5 \times 5 = -2.5$ t;$F_B = -2.5 + 0.5 \times 5 = 0$。$F_{max} = 2.5$ t,位于距艏艉 *L*/4 处。

⑤弯矩曲线:$M_A = 0$;$M_C = 0.5 \times 2.5 \times 5 = 6.25$ t · m;$M_O = 0.5 \times 2.5 \times 10 = 12.5$ t · m;$M_D = 12.5 - 0.5 \times 2.5 \times 5 = 6.25$ t · m;$M_B = 6.25 - 0.5 \times 2.5 \times 5 = 0$。各弯矩均大于 0,为中拱弯矩。$M_{max} = 12.5$ t · m,位于船中 $F_x = 0$ 处。

根据计算结果绘制曲线如图 5-2 所示。

三、影响剪力和弯矩的因素

由式(5-2)可见,产生剪力和弯矩的根本原因在于单位长度的重力与单位长度的浮力不相等,即沿船长存在载荷 $q_x = \omega_x - \rho A_x$。若单位长度重力与浮力的差异越大,则剪力和弯矩越大。理想状态下,若重力曲线与浮力曲线沿船长重合,则 $q_x = 0$,$F_x = 0$,$M_x = 0$。

1. 重量分布的影响

给定浮力曲线,改变重量曲线,考虑它对剪力和弯矩的影响。

一般船舶漂浮于静水面时,其单位长度浮力沿船长的分布,取决于浸水横剖面面积 A_x 沿船长的分布。显然,船中附近的 A_x 较大,艏艉两端 A_x 较小。为此,在考虑沿船长重量分布时,若船中附近装载重量较大,艏艉两端装载重量较小,则可从根本上降低船体结构所承担的剪力和弯矩。由此,在装载状态时按舱容比例分配各货舱重量,可达到有利效果。

2. 浮力分布的影响

给定重量曲线,改变浮力曲线,考虑它对剪力和弯矩的影响。

(1)波长的影响

计算表明,当波长接近船长时是对船体承受剪力和弯矩最不利的浮力分布情况。

(2)波位的影响

计算表明,对于中区油水消耗,艏艉压载的船舶,当波峰位于船中时具有最大的 F_{max} 和 M_{max}。对于中区油水均满,艏艉油水消耗,则当波谷位于船中时具有最大的 F_{max} 和 M_{max}。前者为中拱变形,后者为中垂变形。

四、标准计算状态

船舶在营运过程中,其装载情况较为复杂,为此,在船舶设计计算时,不可能也没有必要将所有情况都进行强度计算,通常按出港和到港情况,并应考虑燃料、淡水和贮藏品等对下列装载和压载工况沿船长计算各横剖面的静水弯矩和静水剪切力。

(1)满载出港:对中机货船,当油水舱位于艏艉或中部有深舱但不装货时,取中拱为计算状态。对艉机货船,当油水舱靠近中部时,取中垂为计算状态。

(2)满载到港(剩 10% 油水、供应品):对中机货船,当油水舱位于中部或中部有深舱但不装货时,取中拱为计算状态。对油船和艉机货船,取中垂为计算状态。

(3)压载进出港:对艉机船,当艏艉端加压载时,取中拱为计算状态。对中机货船,当中部深舱作压载用时,取中垂为计算状态。

(4)特殊装载情况等:应予指出,在设计计算时除了空船重量外,上述所有各种载重都是以其舱内容积的大小作为沿船长分布的依据。

第三节　弯应力计算及强度校核

已知用计算法求得的 $F_x=F(x)$ 和 $M_x=M(x)$ 曲线。根据直梁弯曲理论,式(5-1)中计算弯应力的表述式为

$$\sigma=\frac{M_x}{W_x}=\frac{M_x}{I_x/\xi}\leqslant[\sigma] \tag{5-3}$$

式中:σ—— x 处船体剖面在垂距 ξ 处的计算弯应力(N/cm^2);

M_x—— x 处船体剖面的总纵弯矩($N\cdot m$);

W_x—— x 处船体剖面模数($cm^2\cdot m$);

I_x—— x 处船体剖面对其中和轴的面积惯性矩($cm^2\cdot m^2$);

ξ —— x 处船体剖面上微面积 dF 中心至其中和轴之垂距(m)。

“x 处船体剖面”系指在 x 处船体的横剖面。显然,对不同的船舶或者同一艘船舶在不同 x

位置时,其船体剖面构件的形状及尺寸均存在差异。

一、剖面模数

1. 中和轴(NA 轴)

如图 5-3 所示,根据直梁弯曲理论,中和轴位于梁剖面(对于空心变断面梁的船体即船体剖面)的面积中心。为此,船体剖面的中和轴可按其等值梁(经简化处理与船体剖面的 I_x 等值的剖面)由下式求出

$$z_{\mathrm{NA}} = \frac{\int_F z\mathrm{d}S}{S} \tag{5-4}$$

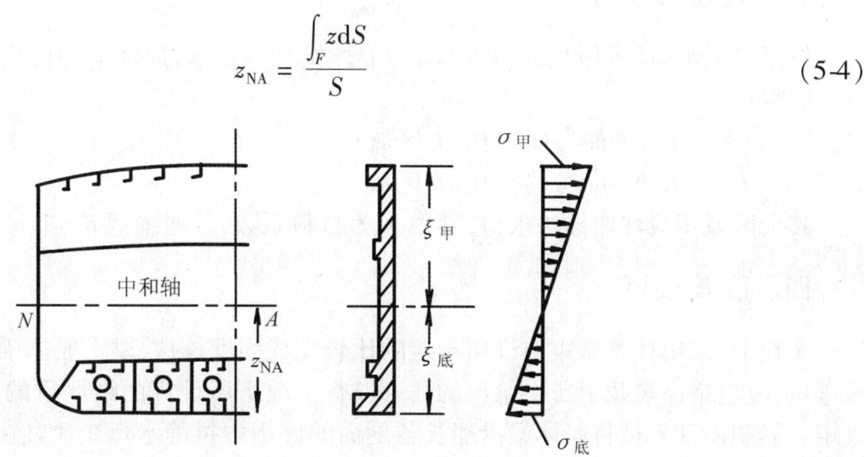

图 5-3 中和轴

式中:z_{NA}——船体剖面中和轴距基线高;

z——微面积 $\mathrm{d}F$ 中心距基线高;

$\mathrm{d}S$ ——微面积;

S——船体剖面面积。

2. 船体剖面面积对中和轴的面积惯性矩 I_x

$$I_x = \int_F \xi^2 \mathrm{d}F \tag{5-5}$$

式中:ξ——微面积 $\mathrm{d}S$ 中心至其中和轴之垂距。

3. 剖面模数 W_x

已知 I_x 和 ξ,则由式(5-3)可求得

$$W_x = \frac{I_x}{\xi} \tag{5-6}$$

二、计算弯应力

已知 M_x 和 W_x,则由式(5-3)可求得弯应力。

对于给定的船舶及其装载状态,在 x 处,其 M_x 和 I_x 分别为定值,则计算弯应力仅与 ξ 成正比,即在中和轴处 $\sigma=0$,在中和轴上下 σ 随 ξ 呈线性变化,在甲板($\xi_{甲}$)和船底($\xi_{底}$)处 σ 为最大值,记作

$$\sigma_{max} = \begin{cases} \sigma_{甲} = \dfrac{M_x}{I_x/\xi_{甲}} \\ \sigma_{底} = \dfrac{M_x}{I_x/\xi_{底}} \end{cases} \tag{5-7}$$

当 M_x 为中拱弯矩时，$\sigma_{甲}$ 为拉应力，$\sigma_{底}$ 为压应力。当 M_x 为中垂弯矩时，$\sigma_{甲}$ 为压应力，$\sigma_{底}$ 为拉应力。

三、许用弯应力

根据《钢制海船入级规范》(2012)对船体结构的要求，船体梁的许用弯曲应力$[\sigma]$按下述要求确定：

$[\sigma]=175/K$，N/mm²，船中 0.4L 区域；

$[\sigma]=125/K$，N/mm²，船端 0.1L 区域。

其余区域用线性内插法求得，其中 K 为材料系数，普通碳钢 $K=1$。

四、强度校核

实践中，采用计算弯矩与许用弯矩的比较完成强度校核，要求船体梁的许用中拱和中垂静水弯矩，应包络住装载手册中给出的任一航行工况下所计算的最严重的中拱和中垂设计静水弯矩。船舶设计人员将船体梁沿船长各剖面的许用中拱静水弯矩 $M_S(+)$和许用中垂静水弯矩 $M_S(-)$提前用如下公式计算：

$M_S(+)=M-M_W$

$M_S(-)=-M-M_W$

式中：M_W ——波浪弯矩(kN · m)；

M ——许用合成弯矩，按下列两式计算，取小者：

$M=F_d W_d[\sigma]\times10^{-3}$(kN · m)；

$M=F_b W_b[\sigma]\times10^{-3}$(kN · m)。

其中：F_d、F_b为系数；W_d、W_b分别为甲板、龙骨处剖面模数(cm³)。

"鹏安"号许用静水弯矩和静水剪力如表 5-1 所示：

表 5-1 航行工况下许用静水弯矩和静水剪力表

位置	许用静水弯矩(kN · m)		许用静水剪力(kN)	
	$M_S(+)$	$M_S(-)$	$F_S(+)$	$F_S(-)$
FR5	70 000	−70 000	15 372	−15 372
FR30	600 000	−305 740	38 000	−38 000
FR32	652 900	−324 520	37 800	−37 800
FR35	733 860	−353 280	37 500	−37 500
FR45	1 030 000	−452 930	33 000	−33 000
FR50	1 142 500	−502 760	30 000	−30 000
FR57	1 300 000	−572 520	30 000	−30 000
…	…	…	…	…

将不同装载状态下沿船长分布的重量、浮力、计算剪力和弯矩及许用弯矩和剪力汇总到图5-4中。

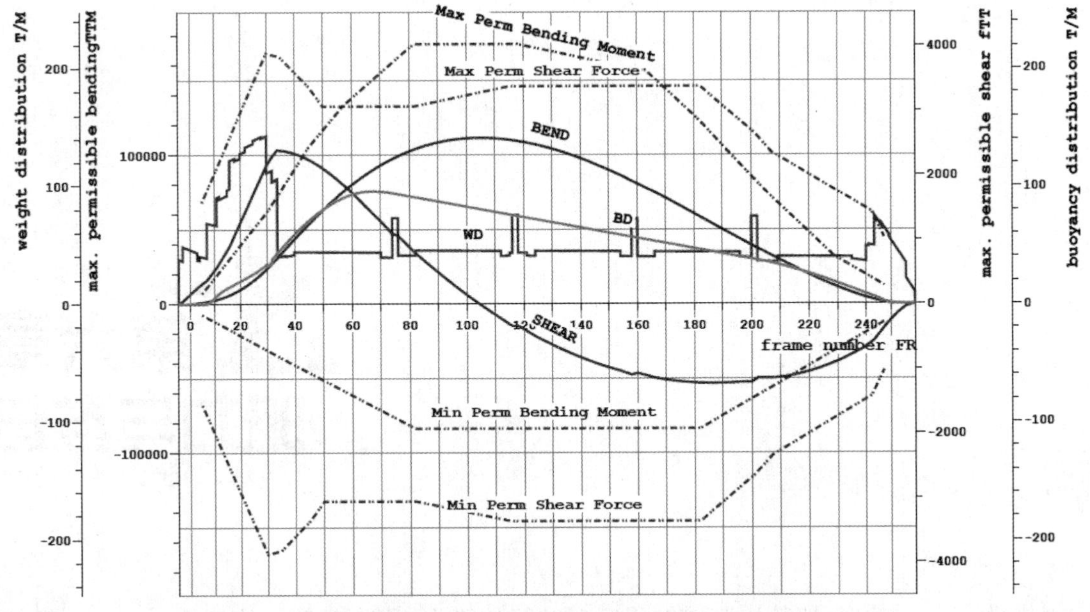

图5-4 “鹏安”号某装载状态下静水弯矩和剪力

习题

1. 判断：船舶在静水中一定是平吃水，不会有中拱和中垂。 ( )

2. 判断：一般船舶最大剪力约位于距艏艉 $L/4$ 处，最大弯矩约位于船中处。 ( )

3. 判断：在装载状态时按舱容比例分配各货舱重量，可从根本上降低船体结构所承担的剪力和弯矩。 ( )

4. 判断：在船舶设计计算时，通常要计算出港和到港强度。 ( )

5. 判断：计算弯应力的大小与离开中和轴的垂向距离成反比。 ( )

6. 判断：许用静水弯矩与波浪弯矩无关。 ( )

7. 船体强度主要是指__________和__________。

8. 已知一箱形驳船：船长 $L=20$ m，型宽 $B=4$ m，型深 $D=2$ m，船舶本身重量为 20 t 并沿船长均匀分布。今有货物 20 t 均匀分布，装载在船中前和中后各 5 m 长度内，该船静置于水平面上。试绘制其重量、浮力、载荷、剪力与弯矩曲线，并求出最大弯矩与剪力值及其相应位置。

9. 已知题 8 的最大弯矩。若箱形驳船的船底、舷侧及甲板厚度均为 10 mm，试求其甲板和船底处的弯应力及中和轴处的剪应力。

10. 已知某船舶移载前，船中处静水弯矩为中垂弯矩。若船内有重量为 P 的压载水，自船中前 5 m 处打到船中后 10 m 处，问 P 后移后，船中处静水弯矩是增加还是减少？原因是什么？

第六章 阻力与推进

主机发出一定功率,船舶以某一航速安全航行的能力,称为船舶的快速性(speed)。船舶阻力与推进是快速性的两大主要内容。本章主要介绍了阻力的基本概念及特性,螺旋桨的工作原理及影响因素等知识。

第一节 阻 力

一、船舶阻力的组成

船舶以一定的航速航行时,将受到周围流体对它的反作用力,这种与船舶运动方向相反的流体作用力称为船舶阻力。通常分为基本阻力和附加阻力两大类。

船舶基本阻力是指光滑的裸船体(不包括舵等附属体)在静水中运动时,船体水下部分受到的水阻力。船舶基本阻力一般认为由三部分组成:船舶前进时由于船体与水之间的摩擦而形成的摩擦阻力 R_f(frictional resistance);船舶前进时由于尾部产生旋涡区而产生的涡流阻力 R_e(eddy-making resistance);船舶前进时引起首尾压力变化,同时产生两组波浪而产生的兴波阻力 R_w(wave-making resistance)。

船舶的附加阻力包括:附体阻力、污底阻力、空气阻力和汹涛阻力。

附体阻力(appendage resistance)是舵、舭龙骨等船体水下部分的附体产生的阻力。为减少这种阻力,要求水下附属体必须是流线型并沿船体表面实际水流的方向安装。附体阻力通常是按占基本阻力的百分数来计算。单桨船的舵约增加基本阻力的 4.5%,舭龙骨增加 3%。

污底阻力(fouling resistance)是由海生物(贝类和海草等)附着于船底,增加船体粗糙度而产生的阻力。污底增加了摩擦阻力及涡流阻力。海生物的生长情况取决于出坞后的时间和停泊时间的长短、季节、水的温度、航区以及是否经常出入淡水港等因素。船舶在热带海水中长期锚泊,污底阻力会迅速增加。船舶设计中确定船速时并没有考虑污底阻力,因此船舶营运中的污底将使船速逐渐降低。减轻污底影响的基本方法是定期进坞清除海生物并涂特种油漆涂料。

空气阻力(air resistance)是船舶运动时水面以上部分受到的空气的阻力。空气阻力与船舶上层建筑的大小、形状、风向、风速等有关。运输船舶无风航行时空气阻力为基本阻力的1.5% ~3.0% ,4 ~5 级顶风航行时为基本阻力的 10% ~15% ,8 ~9 级顶风时为 30% ~40% 。试验表明:风向与船舶首尾线成 25° ~40°夹角时空气阻力最大。

汹涛阻力(rough water resistance)是船舶在波浪中航行时,由于船舶摇摆、波浪冲击及船体周围水压力变化而引起的阻力。波浪的等级及来浪的方向,对汹涛阻力有很大影响。

运输船舶一般留出 10% ~15% 的主机功率作为储备功率,用以克服营运中增加的污底阻力、空气阻力和汹涛阻力。

二、基本阻力的产生及变化

1. 摩擦阻力 R_f

水是一种黏性流体,船舶在水中运动时,船体表面与水之间将产生与船体各部分外表面相切并与该处水流方向相反的摩擦力,船体表面各部分切向摩擦力在船舶运动方向上的合力构成船舶的摩擦阻力。

船舶在水中前进时有一薄层水黏附在船体表面同船舶一起前进。第一薄层水通过摩擦力带动第二薄层水前进,但速度比船速略低。第二薄层水又通过摩擦力带动第三薄层水以更低的速度前进。距船体越远水的前进速度越低,船舶运动时带动周围一定范围内的水以不同速度向前运动。船舶运动时,船体周围有前进运动的水流区域称为船体的边界层。船首边界层的宽度很小,向船尾逐渐加宽。尾部边界层的宽度最大为船长的 1% ~2% 。边界层内的水运动需要的能量是船舶通过摩擦力传给水的,所以边界层的大小和水流的流动情况反映了船舶摩擦阻力的大小。

2. 涡流阻力 R_e

由于水有黏性,船舶前进时带动船体附近边界层内的水以不同速度向前运动,就靠近船体处的水质点来说,由于水质点不断受到摩擦力的作用,水流速度将逐渐增加。当船尾某处的水流速度与船速相等时,这一点以后的船体尾部压力降低并吸引外层水迅速流向船体表面,同时产生旋涡,船尾形成低压旋涡区后产生的首尾压力差称为船舶的涡流阻力 R_e。船尾形成旋涡区消耗的能量,是由船舶克服涡流阻力的能量转换而来的,因此旋涡区的状况表示了船舶涡流阻力的大小。

一般来说,船体的流线型设计良好的船舶,涡流阻力大约占基本阻力的 10% ,通常在实船阻力计算和试验中,都是将涡流阻力与兴波阻力合并计算,并称为剩余阻力(residual resistance)。减少涡流阻力的主要措施是保证船体水下部分为光顺的流线型,特别是尾部水下形状必须适当尖瘦。

3. 兴波阻力 R_w

船舶前进时船首要将水挤压开,因此在艏柱稍后处出现高压区,同时高压区局部水面升高。船尾前进让出空间,尾部出现低压区,同时低压区局部的水面降低。高压区和低压区随船舶前进,在船首船尾形成两组船行波。由此而产生的首尾压力差称为船舶的兴波阻力。

船行波包括首波组和尾波组。它都是由散波及横波组成的。散波是一些短波峰。短波峰的中点连线与船舶中线的夹角 α 为 19°~20°。横波与船中线垂直,只存在于散波范围之内,首横波由波峰开始,尾横波由波谷开始。船行波随船前进,波速与船速相等。船速较低时船行波如图 6-1 所示。船速较高时船行波发生变化。随着船舶航速的提高,船行波的波长和波高将逐渐增大。船舶运动引起周围水的波动消耗的能量,是由船舶克服兴波阻力消耗的能量转换而来的,因此船行波的状况表示了船舶兴波阻力大小。

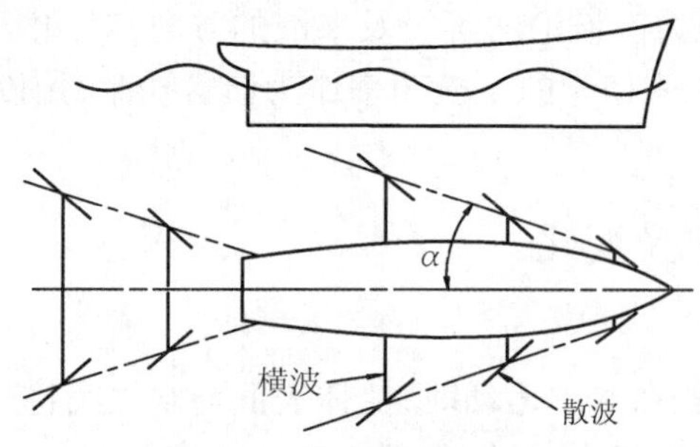

图 6-1　散波与横波

兴波阻力与船速的 4~6 次方成比例,所以,船速是影响兴波阻力的主要因素。很多现代海洋运输船舶采用球鼻艏(bulb bow)减少兴波阻力的影响。航速在 20 kn 左右的海洋运输船舶,全速航行时球鼻艏引起的波浪,与船舶的首波组成有利干扰从而能使船舶的兴波阻力减小。肥大型低速船布置球鼻艏后,能改善首部船型减小涡流阻力。设计良好的球鼻艏,一般可使主机消耗功率减少 10% 左右。球鼻艏会给抛、起锚和系泊工作带来一定的困难。

三、浅水效应

以上分析了船舶在深水区航行时阻力的变化规律,实际上船舶常在吃水受限的航道中航行。浅水对船舶的阻力、浮态和航速的特殊影响称为浅水效应(shallow water effect)。船舶在浅水区航行时,船体周围的水流速度将发生变化。如船舶的吃水为 d,水深为 h,如图 6-2 所示。为分析问题方便,将船舶和水的相对运动看作船舶静止不动,而水由相反方向流来,流速为 v。同深水相比,由于在浅水中船底距海底较近,水的流通截面积明显减少,因而船体周围的水流速度必然明显增加。水深吃水比 h/d 越小,水流速度增加越大。船舶与其周围水的相对速度的增加,将会引起船舶阻力增加,船速降低,船舶浮态也会变化。

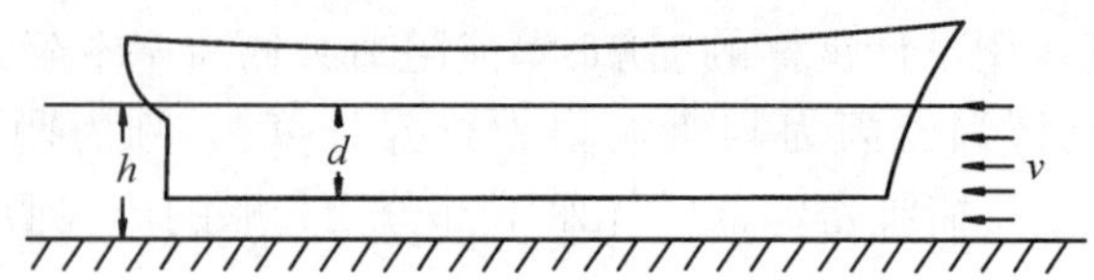

图 6-2　浅水影响

1. 阻力的变化

船舶运动时各种阻力都与船舶和水的相对速度有密切关系。船舶对水的相对速度的增加,将会引起摩擦阻力、涡流阻力及兴波阻力的全面增加。图6-3所示为一艘船舶的深水阻力曲线和浅水阻力曲线。图中纵坐标为船舶阻力,横坐标为水深傅汝德数 F_{rh}。

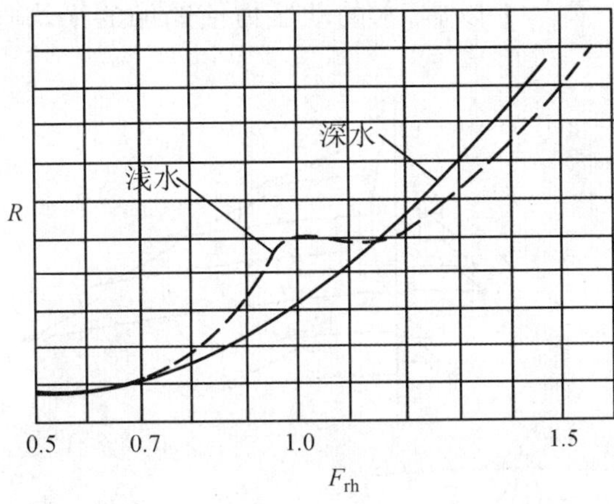

图6-3　船舶阻力随 F_{rh} 的变化

$$F_{rh} = \frac{v}{\sqrt{gh}} \tag{6-1}$$

式中:v——船速(m/s);

　h——水深(m)。

当 $F_{rh}<0.6$ 时,浅水阻力与深水阻力相同。$F_{rh}>0.6$ 以后,浅水阻力逐渐大于深水阻力。$F_{rh}=1$ 时,浅水阻力的增加量达到最大值。$F_{rh}>1$ 以后,浅水阻力的增加量开始减小,并逐渐变为浅水阻力小于深水阻力。

浅水阻力曲线的这种变化主要是浅水兴波阻力变化而引起的。浅水限制了波浪中水分子的运动,使浅水中波浪前进的最大速度为 $\sqrt{gh}$(单位:m/s)。在深水中,船行波与船舶以同样的速度前进,而在浅水中逐步提高船速时,受到浅水最大波速的影响使船行波发生一系列特殊的变化,从而使船舶的兴波阻力发生相应的改变。当船舶的航速 $v=\sqrt{gh}$ 时称为船舶的浅水临界航速(critical speed in shallow water)。航速 $v<0.6\sqrt{gh}$ 时,船行波与深水相同,浅水兴波阻力与深水兴波阻力相等,如图6-4(a)所示;$v>0.6\sqrt{gh}$ 以后,散波的扇面逐渐扩大,如图6-4(b)所示。这导致船行波覆盖面逐渐增大,消耗的兴波能量增多,兴波阻力逐渐增大;$v=\sqrt{gh}$ 时,散波与船首尾线的夹角达到90°,散波与横波合并在船首、尾各形成一个很长的独波,同船一起前进,如图6-4(c)所示。这时兴波阻力的增加使浅水阻力的增加达到最大值;航速 $v>\sqrt{gh}$ 以后,受浅水最大波速的限制,横波不能随船前进,船行波成为散波束,如图6-4(d)所示。横波消失后,浅水船行波消耗的能量逐渐小于深水船行波的能量,最后浅水阻力在低于深水阻力的情况下逐步增加。船舶驾驶人员要能够通过观测船行波的变化判断船舶是否进入浅水区航行。

2. 平均吃水的变化

船舶在浅水中航行时,船体周围水流速度的增加量比深水中更大,流体静压力比在深水中更低，使船舶在浅水中的下沉量更大。h/d 越小，船速越高，则下沉量越大。图 6-5 为某船在浅水中测得的吃水及吃水差的变化曲线。左侧纵坐标表示吃水改变量与原吃水的比值，横坐标为傅汝德数 F_{rh}。$F_{rh} \geqslant 0.2$ 以后，随着航速增加，平均吃水逐渐增加；F_{rh} 接近 0.8 时，下沉量达到最大值，以后由于动水压力迅速增大使平均吃水的增加量又逐渐减少；在 F_{rh} 接近 1 时基本恢复到原来的平均吃水；$F_{rh} > 1$ 以后，水的动压力使船舶的平均吃水逐渐减少，船体逐渐上浮。

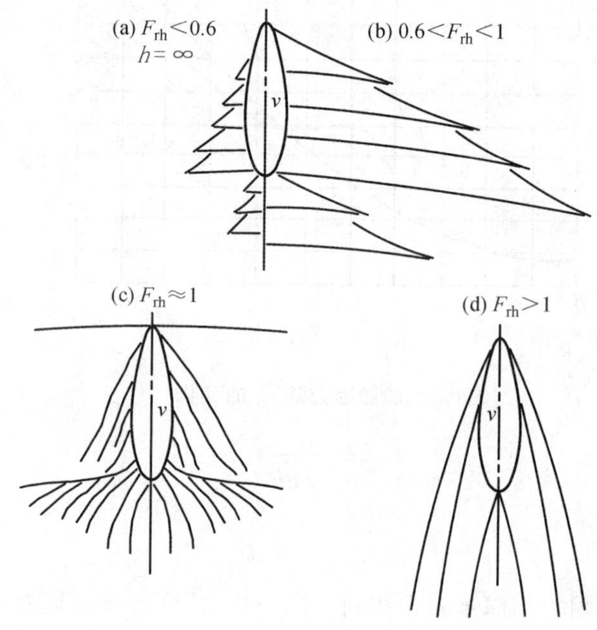

图 6-4 浅水阻力

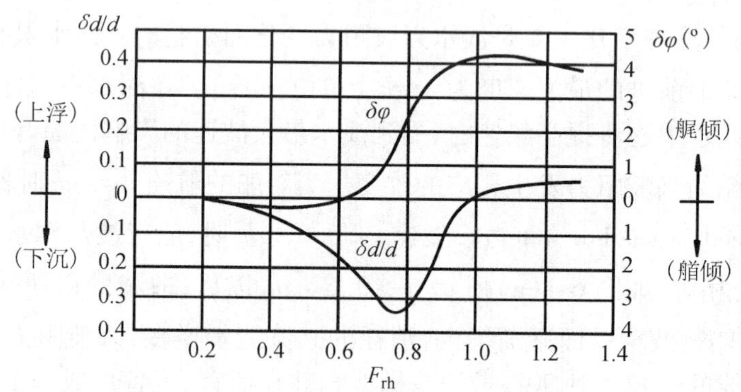

图 6-5 船速与吃水

3. 吃水差的变化

船舶在浅水中运动时船首周围水流速度的增加量比船尾大，船舶的吃水差会发生变化。$F_{rh} < 0.6$ 时船首下沉量比船尾大，纵倾角的变化量为正使船艏倾，而且比深水中的纵倾角大。航速增加后动水压力增大使船首逐渐上浮，纵倾角变化量逐渐减少。$F_{rh} > 0.6$ 以后纵倾角变化量使船艉倾，$F_{rh} = 1$ 时艉倾达到最大值。表 6-1 所示为不同水深的临界速度 $\sqrt{gh}$ 及 $0.6\sqrt{gh}$ 的数值。

表 6-1 不同水深的临界速度数值

h(m)	$\sqrt{gh}$	$0.6\sqrt{gh}$
12	21.1 kn	12.7 kn
20	27.2 kn	16.3 kn
40	38.5 kn	23.1 kn

4. 不受影响的条件

根据模型试验的结果,可以认为:一般船舶 $h>7\ d$ 后不产生浅水影响,$h>3\ d$ 以后不产生明显影响。狭水道航行时,水道宽度大于20倍船宽,船舶才能不受影响,水道宽度大于8倍船宽后,不产生明显影响。

5. 浅水航行基本注意事项

运输船舶在浅水区航行发生浅水效应时,为保证船舶安全,应注意以下两个方面的问题:

(1)水越浅船速越快船体下沉量越大。例如丰满型船舶在20 m水深以14 kn速度航行,船长230 m时船首下沉量约为1.5 m,船长150 m时船首约下沉1 m,在风浪中有纵摇横摇时下沉量要更大些。因此在富余水深不大时,要特别注意防止发生触底事故。

(2)船舶阻力增加船速降低后,为保持主机原来转速,必须加大油门增加主机负荷,因此需要防止发生浅水全速航行主机超负荷而造成的有害影响。

防止上述事故发生的基本安全措施是:适当减少主机转速,降低航速。

第二节 螺旋桨工作原理

一、螺旋桨的形状及名称

螺旋桨由桨叶(blade)和桨毂(boss)两部分组成。一般螺旋桨的桨叶和桨毂为一整体,桨毂中心有锥形轴孔,通过键与艉轴的锥形轴端紧密连接。为防止螺旋桨脱落,轴端有螺纹用螺帽将桨毂压紧。螺帽外面装有用薄钢板制成的流线型导流罩,以减少涡流阻力。

螺旋桨常用材料有:锰铁黄铜、镍铁青铜、不锈钢、铸钢和球墨铸铁。要求螺旋桨的材料必须能保证强度并耐腐蚀。铜质螺旋桨比不锈钢的价格低而且耐腐蚀的能力也比较强,因而普遍使用铜质螺旋桨,而备用螺旋桨常用铸钢和铸铁制造。

桨叶与桨毂连接处称为叶根,桨叶的尖端称为叶梢。桨叶正车转动时叶边缘在前面的称为导边,另一个边称为随边。从船尾向前看时所看到的螺旋桨桨叶的一面称为叶面,另一面称为叶背。

从船尾向前看正车时螺旋桨上部向左旋转(逆时针)的螺旋桨称为左旋螺旋桨;正车时上部向右旋转(顺时针)的螺旋桨称为右旋螺旋桨。一般单桨船常用右旋螺旋桨。由船尾向前看双桨船的两个螺旋桨,如正车时它们的上部都向船的中线面旋转,则称为内旋螺旋桨。上部向外旋转时称为外旋螺旋桨。双桨船常用外旋螺旋桨。海洋运输船舶螺旋桨的桨叶数一般为4~6个。

螺旋桨的叶面是螺旋面。螺旋面的特点如下:同轴线相交的一条母线围绕轴线匀速转动,同时母线沿轴线匀速前进,这条母线运动的轨迹称为螺旋面,如图 6-6 所示。母线上一个点运动的轨迹称为螺旋线。母线绕轴线沿螺旋面旋转 360°前进的距离称为螺距 P(pitch)。一个螺旋面上各个螺旋线的螺距都相同。螺旋桨的叶面是螺旋面的一部分,螺旋面的螺距,就是螺旋桨的螺距。同一个螺旋桨上每个桨叶叶面的螺距都相同。

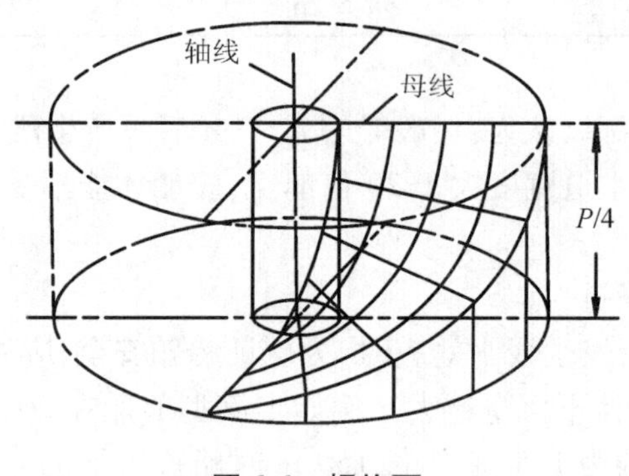

图 6-6 螺旋面

二、机翼原理

螺旋桨的桨叶近似于扭曲的机翼,螺旋桨工作时桨叶产生推力同飞机飞行时机翼产生升力的情况相似,通常用机翼原理分析螺旋桨的工作情况。

图 6-7(a)为一机翼,长度 l 称为翼展,宽度 b 称为翼舷,$\lambda = l/b$ 称为展舷比,图 6-7(b)表示机翼与周围的流体以速度 u 相对运动时,机翼周围流线的分布。机翼上部流体运动的路程较远并明显弯曲,因而流体运动速度快,流线较密;机翼下部流体流动的路程较短,流速较慢,流线较宽。根据伯努利原理,机翼上部比远处流体原来的压力降低,而机翼下部比远处流体原来的压力升高,因而产生流体动力 F。F 在来流方向上的分力是机翼的阻力 D(drag);F 在垂直于来流方向上的分力是机翼的升力 L(lift)。来流方向与翼舷线的夹角称为冲角 α(angle of attack),一定机翼的升力和阻力的大小主要取决于冲角 α 和运动速度 u。机翼受力分析图如图 6-7(c)所示,根据以上机翼原理分析,可归纳出机翼运动的两条规律:

(1)机翼的升力 L 与机翼的运动方向垂直,阻力 D 与机翼的运动方向相反。

(2)在一定范围内,机翼的升力和阻力随冲角 α 及速度 u 的增加而增加。

三、螺旋桨的工作原理

螺旋桨在水中旋转能产生一定的推力 T(thrust),同时受到水的旋转阻力矩的作用。为分析螺旋桨的推力和转矩的产生,取一个桨叶并在半径上沿圆周方向平行地分为很多薄片,取半径为 r 处的一个叶片元并将它看作一段机翼,如图 6-8 所示。

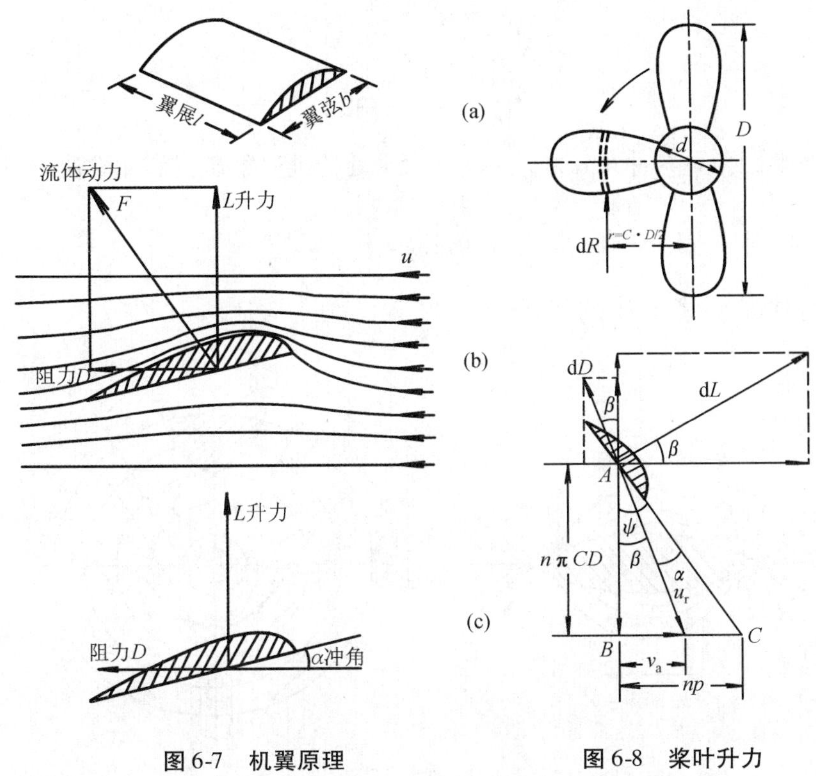

图 6-7　机翼原理　　　　图 6-8　桨叶升力

图 6-8 中的螺旋桨按箭头指示的方向以转速 n 旋转时,螺旋桨进速为 v_A,则半径 r 处叶片元的切线速度为 $2\pi rn$。取 $r = C \cdot D/2$,C 为小于 1 的常数,则叶片元的切线速度为 $n\pi CD$。将叶片元的螺距三角形放大 n 倍得到三角形 ABC。三角形的垂直直角边 AB 表示叶片元的切线速度 $n\pi CD$,水平直角边 BC 表示螺旋桨的结构速度 np(螺旋桨的桨叶沿螺旋面每分钟旋转 n 圈时,螺旋桨每分钟前进的距离 np,称为螺旋桨的结构速度)。三角形的斜边 AC 表示叶片元沿螺旋面旋转时,叶片元的实际运动速度和方向。而桨叶沿螺旋面转动时,不同半径处的冲角都为零,螺旋桨的推力很小。因此螺旋桨正常工作时,为了获得足够大的推力,螺旋桨的前进速度总是小于结构速度 np,以保持适当的冲角。如螺旋桨的进速为 v_A,则叶片元的实际运动速度是其切线速度 $n\pi CD$ 与进速度的合速度。图 6-8 中线段 u_r 表示叶片元实际速度的大小和方向,这时的冲角为 α。

如图 6-8 所示,当叶片元以速度冲角 α 运动时,根据机翼原理,叶片元将产生与运动方向 u_r 垂直的升力 dL,同时产生与 u_r 方向相反的阻力 dD。升力 dL 和阻力 dD 在螺旋桨前进方向上分力的代数和,即为叶片元产生的推力 dT。dL 和 dD 在圆周方向上分力的代数和,即为叶片元受到的旋转阻力 dR,dR 将形成旋转阻力矩 dM_R。

$$\left.\begin{aligned} dT &= dL\cos\beta - dD\sin\beta \\ dR &= dL\sin\beta + dD\cos\beta \\ dM_R &= r dR \end{aligned}\right\} \tag{6-2}$$

用积分方法求得一个桨叶上所有叶片元的微推力 dT 之和乘以桨叶数 Z,即为螺旋桨的推力 T;求得一个桨叶上每个叶片元的旋转阻力矩 dM_R 之和乘以桨叶数 Z,即为螺旋桨的转矩 M_R。

$$\left.\begin{aligned} T &= z\int_{0.5d}^{0.5D} \mathrm{d}T \\ M_R &= z\int_{0.5d}^{0.5D} r\mathrm{d}R \end{aligned}\right\} \tag{6-3}$$

半径 r 处的螺距角 φ 与冲角 α 之差称为半径 r 处的进程角 β，进程角取决于 v_A 和转速 n 的大小。

$$B = \varphi - \alpha \tag{6-4}$$

四、伴流对螺旋桨工作的影响

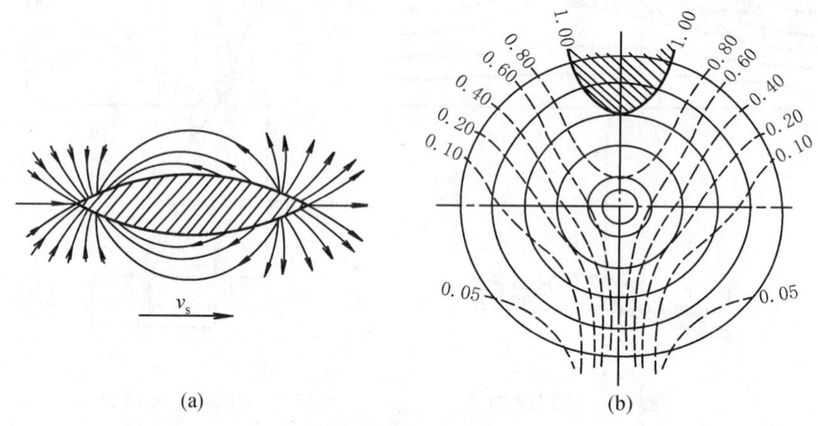

图 6-9　伴流

1. 伴流成因及分布

船舶航行时，船体周围的水受船体运动影响而产生的追随运动的水流称为伴流（wake current）。船体伴流形成原因主要有两种：由于水的黏性，船舶运动时通过摩擦力带动船体周围一部分水，以不同速度随船前进。这样形成的伴流称为摩擦伴流，摩擦伴流的范围在边界层以内；船前进时，首部将水向两舷挤开，而尾部压力降低，并吸引船后及两舷的水。这样引起的伴流称为势伴流。如图 6-9（a）所示。

船体伴流的分布规律是，距船体愈近伴流速度愈大，尾部伴流速度比船首大。伴流对螺旋桨的工作有很大影响。图 6-9（b）所示，是某船试验测得螺旋桨盘面上伴流分布情况，图中虚线条是船舶的航速 v_s 与伴流在 x 轴方向上的分速度 ω_x 的比值 ω_x/v_s 的等值线，紧贴船体处 $\omega_x/v_s=1$，表示伴流速度与航速相等，距船体愈远伴流速度愈小，左右舷伴流对称分布，而螺旋桨轴线上面及下面伴流的分布不对称，上面半圆伴流较大，下面半圆伴流较小。

2. 伴流对螺旋桨工作的影响

（1）螺旋桨盘面上的平均伴流

考虑伴流对螺旋桨工作的影响时，使用螺旋桨盘面上的平均伴流速度 ω_{Ax}，及螺旋桨在伴流中的平均进速 v_A

$$v_A = v_s - \omega_{Ax} = v_s\left(1 - \frac{\omega_{Ax}}{v_s}\right) = v_s(1 - W) \tag{6-5}$$

式中：W——伴流系数（wake fraction），$W = \dfrac{\omega_{Ax}}{v_s}$。

泰勒(Tayler)根据150多艘实船和船模试验结果,得到下列计算伴流系数的经验公式:

单桨船 $$W = 0.50C_b - 0.05 \tag{6-6}$$

双桨船 $$W = 0.55C_b - 0.20 \tag{6-7}$$

式中C_b为船舶的方形系数。如某单桨船$C_b = 0.76$,伴流系数$W = 0.33$,在$v_s = 15$ kn时,$v_A = 15(1 - 0.33) = 10$ kn。这些数值表明,伴流对螺旋桨工作的影响是不能忽视的。螺旋桨在船舶的伴流中工作,使螺旋桨的进速小于船速,螺旋桨的冲角相应增大,推力和转矩相应提高。螺旋桨在设计阶段均考虑了伴流影响。

(2)滑失比

船舶航行时,船速v_s与螺旋桨结构速度np不相等,二者之差称为滑失速度。滑失速度与螺旋桨结构速度之比称为滑失比(slip ratio),用S表示。

$$S = \frac{np - v_s}{np} \tag{6-8}$$

或

$$v_s = np(1 - S) \tag{6-9}$$

船舶上常根据滑失比S和转速n,用式(6-9)估算船速。为此事先必须测出不同装载情况下的滑失比S的数值,由于污底、风浪及海流多变的影响,使滑失比有较大变化,所以这样估算的结果常常误差较大。

(3)伴流横向力

螺旋桨在不均匀的伴流中工作时对船舶操纵的影响较大。由于螺旋桨轴以上的伴流较大,桨叶转动到上半圆时λ_P较小冲角α较大,因而产生较大的推力,同时受到较大的旋转阻力。而在伴流较小的下半圆工作的桨叶,λ_P较大时产生的推力较小,受到旋转阻力也较小,在不均匀伴流的影响下螺旋桨轴线以上的桨叶与轴线以下的桨叶受到的旋转阻力之差称为伴流横向力,右旋螺旋桨,在正车时伴流横向力向左舷。在这个伴流横向力作用下船首自动向右转向。伴流横向力取决于盘面上伴流分布的不均匀程度,与伴流大小无关。

五、调距螺旋桨

船舶螺旋桨是按满载状态主机发出最大持续功率船舶以最大速度航行条件下设计的,在正常营运中,主机发出最大营运功率,船舶满载全速航行时,主机每小时的耗油量最低。但在无货压载航行或轻载航行时,船舶排水量及船体阻力大量减少,主机用较少的喷油量发出较小的功率,船舶就能达到全速,如再提高船舶的航速,螺旋桨的冲角及推力反而下降,因而不能充分发挥主机功率进一步提高航速。为解决这个问题可以使用调距螺旋桨(controllable pitch propeller)。

调距螺旋桨的桨叶可以在轴毂上一定范围内转动,以改变螺旋桨的螺距适当增加螺旋桨的螺距角和冲角,这样就能在船舶以更高速度航行时,仍保持适当的冲角,充分发挥主机的营运功率,产生足够的推力。

调距螺旋桨使用空心主轴传动。调节用传动杆从主轴中心孔穿过,由机舱内一套专用机械装置通过传动杆调整桨叶的角度。通过自动控制系统可以从驾驶台直接控制调整桨叶角度,根据需要直接变速换向。有些船上是从轴中心孔通过油压管带动轴毂内的传动装置转动桨叶。

调距螺旋桨有以下优点：

(1)提高营运经济性。调距桨能充分发挥主机功率提高空载航速，从而缩短了航行时间增加了货运量。主机能经常在较好的工况下工作，保持较低的耗油量。虽然调距桨的轴毂体积较大效率稍有降低，但实际使用表明，由于可以根据实际需要调整工况，风平浪静时可提高航速 0.1 kn，恶劣天气甚至可以加快 1 ~ 2 kn。

(2)改善船舶操纵性。用调距桨后，主机的转速和旋转方向保持不变，只改变桨叶的角度就能根据需要进行变速换向，这就很容易实现从驾驶台通过自动控制装置直接灵活地操纵主机，也缩短了紧急避让时的停船时间，而且可以使船舶超低速航行。

(3)简化主动力装置。用调距桨后，主机可以取消换向机构，可以减小启动压缩空气罐次数。而且可以用转速稳定不变的主轴直接带动发电机，从而节约大量轻柴油。

调距桨的缺点是：结构及控制较复杂，建造费用及维修费用较高。但由于它的突出优点，使用调距桨后总的经济效益有明显提高。因而近年来调距桨的应用有了较大的发展。调距桨多应用于：机舱自动化船舶；负荷变动大，要求操纵灵活的拖船；渔船及扫雷舰；也常用于提高系泊机动性的首部侧推器(bow thruster)。

第三节　螺旋桨空泡

从 19 世纪末叶开始，螺旋桨的空泡现象便引起了造船界的注意。1894 年英国 240 t 的小型驱逐舰“勇敢”号初次试航时，发现转速只能达到 384 r/min，比额定转速低 1.54%，两台主机发出的总功率为 3 700 HP，比额定功率低 7.5%，而航速不超过 24 kn，与原定设计航速 27 kn 相差很多，其主要原因就是螺旋桨发生了空泡现象。

螺旋桨发生空泡的主要原因是与桨叶接触的水随着桨叶旋转而加速，使得水的压力降低，从而使水出现气泡，可用伯努利方程进行解释。

一、液体流动机械能守恒和伯努利方程

如果假定流体的流动过程是连续不可压缩的，同时不考虑流体的黏性作用和流体之间的相互摩擦(理想流体)，则在流动过程中流体的机械能守恒，即水的动能、位能和压力能之和保持不变，用方程表示为：

$$z + \frac{P}{\gamma} + \frac{V^2}{2g} = C \tag{6-10}$$

式中：z —— 位置水头，表征单位重量液体的位置势能，简称单位位能；

P/γ —— 压强水头，表征单位重量液体的压力势能，简称单位压力能；

$V^2/2g$ —— 流速水头，表征单位重量液体的动能，简称单位动能。

该式被称为伯努利方程，是流体运动中能量守恒的表达方法。方程中各项的物理意义，如图 6-10 所示。

流体从左端流动到右端时，仅在重力作用下，整个流动中流体的压力能、位能和动能相互转化，但机械能能量总和保持不变。

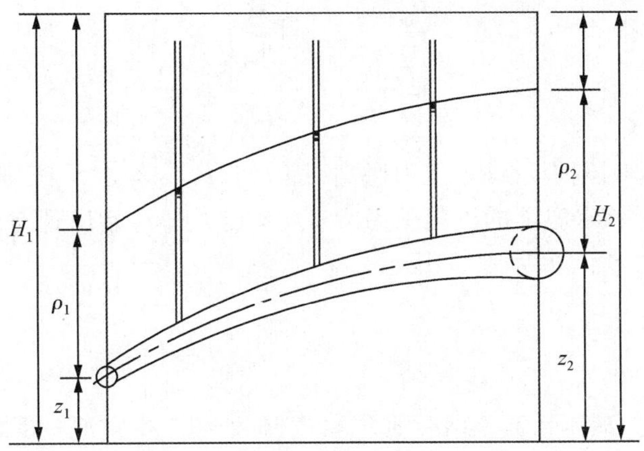

图 6-10　机械能守恒

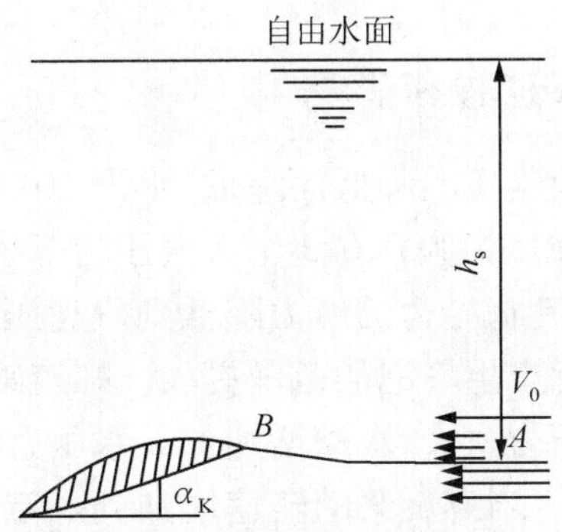

图 6-11　水流流向叶切面示意图

二、螺旋桨空泡的形成原因

螺旋桨在水中工作时,桨叶的叶背压力降低形成吸力面,若某处的压力降至临界值以下导致爆发式的汽化,水汽通过界面,进入气核并使之膨胀,形成气泡,称为空泡。一般认为,压力的临界值即为该温度时水的汽化压力 P_v(又称饱和蒸汽压力)。

如图 6-11 所示,水为理想流体并在远处以流速 V_0、攻角 α_K 流向叶切面。叶背上的水流速度大于 V_0,压力小于 P_0,形成“吸力”。而叶面上的水流速度小于 V_0,压力大于 P_0,形成“压力”。在叶背上一点 B,设该处的压力为 P_b、流速为 V_b,并与切面远前方的 A 点位于同一流线上。由于运动是定常的,故可用伯努利方程确定 A、B 两点处压力及速度之间的关系,即

$$P_b + \frac{1}{2}\rho V_b{}^2 = P_0 + \frac{1}{2}\rho V_0{}^2$$

式中:V_0——A 点处的流速;

P_0——A 点处的压力,或

$$P_0 - P_b = \frac{1}{2}\rho(V_b{}^2 - V_0{}^2)$$

将上式两边除以 $\frac{1}{2}\rho V_0{}^2$,可得无因次系数:

$$\xi = \frac{P_0 - P_b}{\frac{1}{2}\rho V_0^{\ 2}} = [\frac{V_b}{V_0}]^2 - 1 \tag{6-11}$$

式中:ξ 为减压系数。

若切面上某处 $\xi < 0$,则表示该处压力增高(即大于 P_0);若 $\xi > 0$,则为压力降低。通常认为,当 B 点的压力降至该水温下的汽化压力 P_v 时,B 点处即开始出现空泡。故 B 点产生空泡的条件为 $P_b \leqslant P_v$。

令 $\sigma = \frac{P_0 - P_b}{\frac{1}{2}\rho V_0^{\ 2}}$

若切面上 B 点处的减压系数 $\xi \geqslant \sigma$,则 $P_b \leqslant P_v$,B 处即产生空泡。反之,当 B 点处的 $\xi < \sigma$,则 $P_b > P_v$,不产生空泡。因此,B 点产生空泡的条件是 $\xi \geqslant \sigma$,因 σ 可用以衡量切面上是否发生空泡,故称为空泡数。

三、螺旋桨空泡的形成过程和影响

我们知道,水的蒸发温度随气压的降低而降低,水温 10 ℃时在压力为 0.012 个大气压时水开始汽化;而水温 20 ℃时,在压力为 0.023 个大气压时开始汽化。螺旋桨转速升高时,叶背的压力逐步降低。一旦叶梢的叶背导边的压力降低到汽化压力以下,这里的水就开始汽化出现气泡。压力进一步降低,叶背产生气泡的范围更大。螺旋桨的空泡现象可以分为两个阶段。

第一阶段:因为水愈深水压力愈大,水深增加 1 m 水压力将增加约 0.1 个大气压。螺旋桨轴线上部比下部受到的压力小。当螺旋桨的转速增加到一定程度时,上部桨叶叶背导边的压力首先降低到汽化压力,并开始产生气泡。但桨叶向下转动,水压力又逐渐升高,升高到汽化压力以上时,气泡突然消失,引起水流冲击桨叶,随着气泡的反复消长,水流长期反复冲击,使叶背金属疲劳发脆,产生空泡剥蚀(cavitations erosion),第一阶段产生气泡的范围较小,转速提高时不影响推力的增加,不降低螺旋桨效率。

第二阶段:转速增大到使整个叶背产生稳定的气泡层以后,不再出现气泡反复消长的情况,也就不再发生空泡剥蚀,但是当进一步提高转速时,由于叶背气泡层的压力不能再降低,致使推力增加缓慢,使螺旋桨效率降低。

四、螺旋桨空泡的消除

欲使桨叶切面不发生空泡,应设法减小减压系数 ξ,或增大空泡数 σ。

1. 降低最大减压系数 ξ_{max}

①增加螺旋桨的盘面比,以减少单位面积上的平均推力,使叶背上 ξ 值下降。

②采用弓形切面或压力分布较均匀的其他切面形式。

③减小叶根附近切面的螺距,减小单螺旋桨船在叶根部分的伴流。

2. 提高螺旋桨的空泡数 σ

①在条件许可的情况下,尽量增加螺旋桨的浸没深度,以增大空泡数 σ。

②减小螺旋桨转速,即尽可能选用低转速的主机。

第四节　功率传递和推进效率

船舶主机发出的功率最终变为螺旋桨发出的推力使船舶克服阻力前进，在此能量传递过程中，船舶轴系传动的摩擦、艉轴和螺旋桨之间的相对旋转、螺旋桨向后拨水、桨和船体间的相互作用等因素都会造成主机发出功率的损失。通常用推进系数来衡量船舶推进性能。

船舶推进系统主要由主机、轴系、推进器组成，它们在推进系统中各负其责。主机主要负责提供能量；轴系负责将主机的能量传递给螺旋桨，推进器负责吸收能量并将能量转换为推力，如图 6-12 所示。

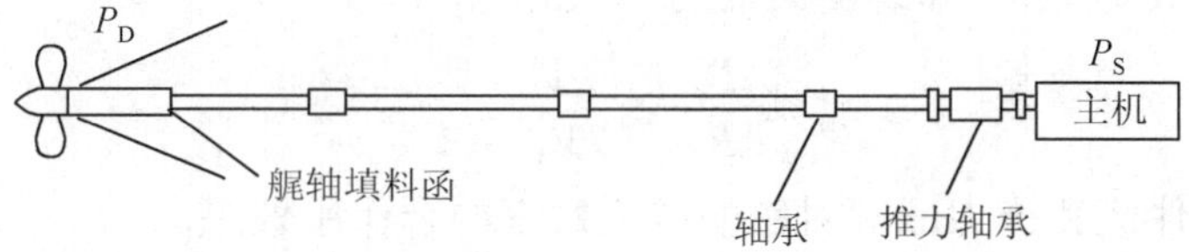

图 6-12　推进系统

推进系统在能量的提供、传递、吸收并转化过程中，其功率和效率成分如下：

一、功率

1. 主机功率 P_S

推进船舶所需的功率由主机供给，主机发出的功率称为主机功率，以 P_S 表示。

2. 螺旋桨收到功率 P_{DB}

螺旋桨在船后需克服转矩 Q_B，才能以转速 n 转动，因此船后螺旋桨的收到功率 P_{DB} 为：

$$[\ P_D B = 2\pi n Q_B\ ] \tag{6-12}$$

注：若螺旋桨敞水转矩为 Q_0，则螺旋桨敞水收到功率 $P_{D0} = 2\pi n Q_0$

3. 螺旋桨推功率 P_T

船后螺旋桨在收到功率 P_{DB} 后发出推力 T，其进速为 V_A，所以螺旋桨的推功率 P_T 为：

$$P_T = TV_A \tag{6-13}$$

4. 船舶有用功率 P_E

主机功率 P_S 中有用功是船舶克服阻力 R，并以速度 V 前进，所以船舶的有用功率 P_E 为：

$$P_E = RV \tag{6-14}$$

二、效率

1. 传递效率 η_S

主机功率经过减速装置、推力轴承及艉轴传递至螺旋桨，由于推力轴承、轴承、艉轴填料函及减速装置的摩擦损耗，螺旋桨收到的功率总是小于主机功率，两者间的比值 η_S 也称为传递效率或轴系效率，它表示轴系性能的好坏。

$$\eta_S = P_{DB}/P_S \tag{6-15}$$

若主机直接带动螺旋桨，螺旋桨的转速亦为主机转速，则中机型船 $\eta_S=0.97$，艉机型船 $\eta_S=0.98$。

2. 船后螺旋桨效率 η_B、螺旋桨敞水效率 η_0、相对旋转效率 η_R

螺旋桨推功率 P_T 与船后螺旋桨收到功率 P_{DB} 的比值称为船后螺旋桨效率。

$$\eta_B=\frac{P_T}{P_{DB}}=\frac{TV_A}{2\pi nQ_B}=\frac{TV_A}{2\pi nQ_0}\cdot\frac{Q_0}{Q_B}=\eta_0\eta_R \tag{6-16}$$

式中：$\eta_0=\dfrac{TV_A}{2\pi nQ_0}$——螺旋桨敞水效率；

$\eta_R=\dfrac{Q_0}{Q_B}$——相对旋转效率，也可写作 $\eta_R=\dfrac{P_D}{P_{DB}}$。

3. 船身效率 η_H

它指船舶的有效功率 P_E 和螺旋桨推功率间的比值，即

$$\eta_H=\frac{P_E}{P_T}=\frac{RV}{TV_A}=\frac{1-t}{1-w} \tag{6-17}$$

船身效率表示伴流和推力减额对船舶推进效率的合作用效果。

4. 推进效率 η_D

它指船舶的有效功率 P_E 和船后螺旋桨收到功率 P_{DB} 间的比值（也称准推进系数 Q_{PC}）。

$$\eta_D=\frac{P_E}{P_{DB}}=\frac{P_E}{P_T}\cdot\frac{P_T}{P_{DB}}=\eta_H\eta_{DB}=\eta_H\eta_0\eta_R \tag{6-18}$$

5. 推进系数 $P.C$

它指船舶的有效功率 P_E 和主机功率 P_S 的比值。

$$P.C=\frac{P_E}{P_S}=\frac{P_E}{P_T}\cdot\frac{P_T}{P_{D0}}\cdot\frac{P_{D0}}{P_{DB}}\cdot\frac{P_{DB}}{P_S}=\eta_D\eta_S=\eta_H\eta_0\eta_R\eta_S \tag{6-19}$$

推进系数 $P.C$ 表示由主机、船体和螺旋桨三者组成的推进系统的综合性能，推进系数越高，船舶的推进性能越好。

三、效率估算和海军系数法

在船舶主机发出功率经传递变为船舶的有用功率的过程中，存在机械传递、桨轴相对旋转、螺旋桨敞水、桨机相互作用四项效率损失。其中，四项效率的大小可以参考表 6-2 所示。

表 6-2　四项效率参考数值

效率种类	机械传递效率/η_S	相对旋转效率/η_R	螺旋桨敞水效率/η_0	船身效率/η_H
参考数值	0.98 ~ 0.99	0.98 ~ 0.99	0.65 ~ 0.72	1.1 ~ 1.2

我们通常在估算船舶推进系数 $P.C$ 时，一般认为 $P.C\approx0.7$。

另外，在已知某船的主机马力、航速、排水量的情况下，可以以该船作为母型船来计算相近吨位、相近航速或相近主机功率的某条船的三者性能间的关系：

$$C_e=\frac{\Delta^{\frac{2}{3}}V^3}{P} \tag{6-20}$$

式中：C_e——海军系数，无因次量；

Δ——船舶排水量，t；

V——船舶在该状态下的航速,kn;

P——船舶主机功率,HP。

例题 1:"鹏德"号散货船排水量 $\Delta_1 = 68\ 000$ t,主机额定功率为 $P_1 = 14\ 000$ HP,航速 $V_1 = 13.5$ kn,若其姊妹船"鹏安"号 $\Delta_2 = 58\ 000$ t,求在主机输出功率 $P_2 = 10\ 000$ HP 时,该船的实际航速 V_2。

解:两船为姊妹船,海军系数仍然相等,有:

$$\frac{\Delta_1^{\frac{2}{3}} V_1^{\ 3}}{P_1} = \frac{\Delta_2^{\frac{2}{3}} V_2^{\ 3}}{P_2}$$

$$\left(\frac{\Delta_1}{\Delta_2}\right)^{\frac{2}{3}} \frac{P_2}{P_1} = \left(\frac{V_1}{V_2}\right)^3$$

$$V_2 = \sqrt[3]{\left(\frac{\Delta_1}{\Delta_2}\right)^{\frac{2}{3}} \frac{P_2}{P_1}} V_1$$

则:$V_2 = 12.5$ kn。

第五节　螺旋桨设计

螺旋桨设计是整个船舶设计中的一个重要组成部分。在船舶线型初步设计完成后,通过有效马力的估算或船模阻力试验,得出该船的有效马力曲线。在此基础上,要设计效率最佳螺旋桨,既能达到预定的航速,又消耗的主机马力最小;或者当主机已选定,要求设计一个在给定主机条件下使船舶能达到最高航速的螺旋桨。螺旋桨的设计问题可分为初步设计和终结设计。

一、螺旋桨的初步设计

对于新设计的船舶,根据设计任务书对船速的要求设计出最合适的螺旋桨,然后由螺旋桨的转速及效率决定主机的转速及马力,并据此订购主机。具体地讲就是:

(1)已知船速 V,有效马力 P_E,根据选定的螺旋桨直径 D,确定螺旋桨的最佳转速 n、效率 η_0、螺距比 P/D 和主机马力 P_S;

(2)已知船速 V,有效马力 P_E,根据给定的转速 n,确定螺旋桨的最佳直径 D、效率 η_0、螺距比 P/D 和主机马力 P_S。

二、终结设计

主机马力和转速决定后(可能与初步设计有所不同),求所能达到的航速及螺旋桨的尺度。具体地讲就是:已知主机马力 P_S、转速 n 和有效马力曲线,确定所能达到的最高航速 V、螺旋桨的直径 D、螺距比 P/D 及效率 η_0。新船采用现成的标准型号主机或旧船调换螺旋桨等均属此类问题。目前设计船用螺旋桨的方法有两种,图谱设计法和环流理论设计法。

图谱设计法是根据螺旋桨模型敞水系列试验绘制成专用的各类图谱来进行设计。用图谱法设计螺旋桨不仅计算方便,易于为人们所掌握,而且如果选用图谱适宜,其结果也较为满意,是目前应用较广的设计方法。

三、螺旋桨图谱绘制

下面以 AU 型螺旋桨为例说明螺旋桨图谱的绘制过程。AU 型螺旋桨是日本运输技术研究所发展的螺旋桨系列,其后日本有关部门又对切面形状等作了改进,扩大了盘面比和螺距比范围,进行了 3 ~6 叶螺旋桨模型的系列试验,并作成了设计图谱。

1. B-δ 型设计图谱的建立

如果将 AU 型 5 叶,盘面比 0.50,螺距比分别为:$P/D = 0.4, 0.6, 0.8, 1.0, 1.2$ 的五个螺旋桨的敞水试验结果绘制在同一图上,则可以得到如图 6-13 所示 AU5-50 敞水性征曲线组。当知道进速系数 $J = V_A/(nD)$ 以后,即可得到不同螺距比螺旋桨的性能。

在螺旋桨的设计问题中,一般不可能同时给定直径 D 和转速 N,而敞水性征曲线图的横坐标进速系数 J 却同时包括了 D 和 N 两个参数,这给设计螺旋桨带来不便,为此需将这类性征曲线转绘成专用图谱,B-δ 型图谱就是目前应用最广的一种图谱形式。

2. 收到马力系数 B_P、直径系数 δ

如前所述,通常遇到的是终结设计问题(即已知主机马力和螺旋桨转速),所以解决此类问题的计算系数应该不包含未知量 D,为此需导出收到马力系数 B_P 和直径系数 δ。

$$B_P = \frac{NP_D^{0.5}}{V_A^{2.5}} = 3\,330\frac{K_Q^{0.5}}{J^{2.5}} \tag{6-21}$$

$$\delta = \frac{ND}{V_A} = \frac{30.86}{J} \tag{6-22}$$

式中:N ——螺旋桨转速,r/min;

P_D——螺旋桨敞水收到马力,HP;

V_A——螺旋桨进速,kn;

D ——螺旋桨直径,m。

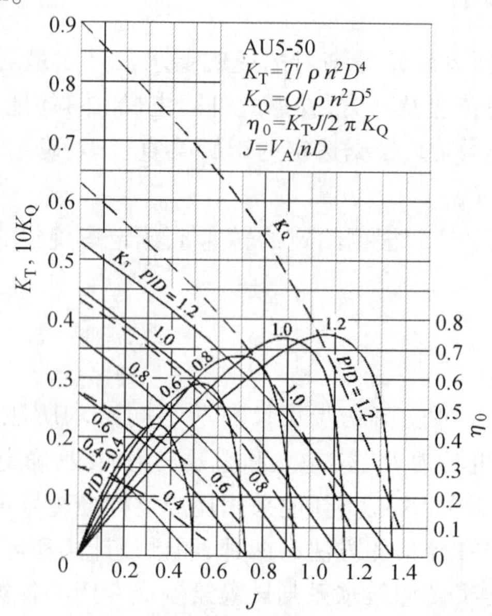

图 6-13　AU5-50 敞水性征曲线

用 KT、K_Q-J 图谱（如图 6-13）就可以画出 $\sqrt{B_P}$-δ 图谱。这类图谱的绘制方法如下：

①在同一叶数和盘面比的螺旋桨敞水性征曲线组上（如图 6-13 所示），取一定值的螺距比 P/D，并设定一系列的 J 值，在同一 P/D 的性征曲线上读取与 J 相应的一系列 K_Q 及 η_0 值。

②据式（6-21）和式（6-22）分别算出相应的 B_P 和 δ。

③在纵坐标为螺距比 P/D，横坐标为 $\sqrt{B_P}$ 的图上（如图 6-14 所示），通过上述计算的 P/D 值作一平行横坐标的水平线，并在该线对应于每一 $\sqrt{B_P}$ 值的点上标明相应的 η_0 和 δ 值，此线即能代表螺距比为 P/D 的螺旋桨水动力特性。

④对不同 P/D 的螺旋桨性征曲线都作上述处理，并绘在同一图上，然后将 η_0 和 δ 值相同者分别连成光滑曲线，即得 η_0 和 δ 的等值线。

⑤将各 $\sqrt{B_P}$ = 常数时（在图谱上表现为垂直线）效率最高的点连成光滑的曲线，即得最佳效率线，如图 6-14 中的点划线。

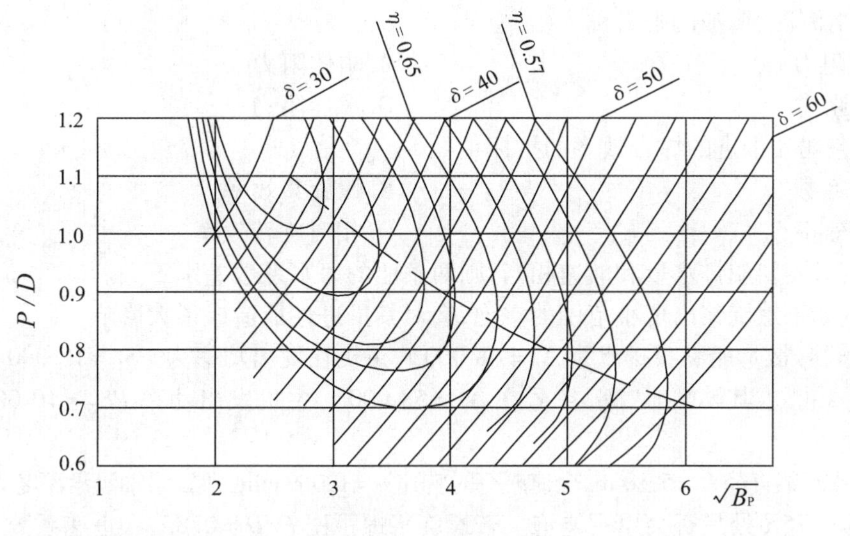

图 6-14　$\sqrt{B_P}$-δ 图谱

四、螺旋桨图谱设计流程

（1）明确船体主要参数，包括船长 L、型宽 B、设计吃水 D、排水量 Δ、方形系数 C_B、艉轴中心线距基线高 Z_P 等。

（2）明确主机参数，包括型号、功率 HP、转速 n、转向、传递效率 η_s。

（3）绘制由模型提供的船舶有效马力曲线 $V = f(HP)$，kn。

（4）明确相关推进因子，包括伴流因数 w，推力减额因数 t，相对旋转效率 η_R，并计算船身效率 η_H。

（5）最大航速计算

①一般储备功率取 10%，轴系效率 $\eta_s = 0.98$，查 $\sqrt{B_p}$-δ 图谱列表计算，并根据计算结果可绘制 PTE、δ、P/D 及 η_0 对 V 的曲线（详细过程省略）。

②从 PTE-$f(V)$ 曲线与船体满载有效马力曲线之交点，可获得不同盘面比所对应的设计航速及螺旋桨最佳要素 P/D、D 及 η。

(6)空泡校核,按柏利尔空泡限界线中商船上限线,计算不发生空泡之最小展开面积比。

(7)强度校核。

(8)螺距修正,根据艉轴直径大小,决定毂径比,并根据实际桨叶厚度大于桨标准厚度的程度,进行螺距修正。

(9)重量和惯性矩计算。

(10)敞水特性曲线,根据修正后的螺距比,由敞水曲线内插得到当前螺距下的敞水特性曲线,确定不同进速系数下船舶的 K_T 和 $10K_Q$。

(11)螺旋桨设计总结,对上述设计计算过程进行总结,给出螺旋桨各项参数。

1. 因恶劣海况,增加的阻力称为(　　)。

A. 黏性阻力　　B. 附体阻力

C. 汹涛阻力　　D. 风压阻力

2. 能评判船舶推进的综合效率的指标是(　　)。

A. *P. C* 系数　　B. 螺旋桨效率

C. 船身效率　　D. 相对旋转效率

3. 判断:只要船舶排水量和航速相当,则两条船的海军系数差别不大。(　　)

4. 判断:如果螺旋桨出现小范围的空泡,会对其推进性能造成很大影响。(　　)

5. "鹏德"号散货船满载排水量 $\Delta_1 = 68\ 000$ t,主机在发出功率为 $PS_1 = 12\ 000$ kW 时的航速 $V_S = 14.5$ kn。求其姊妹船"鹏昊"号在 $\Delta_2 = 58\ 000$ t,主机发出功率 $PS_2 = 10\ 000$ kW 时的航速。

6. 某船螺旋桨直径 $D = 5.80$ m,全速航行时转速 $n = 120$ r/min,螺旋桨轴浸没深度为 12.5 m,试校核此时 $r = 0.75R$ 处是否会出现空泡。若螺旋桨螺距比 $P/D = 0.85$,在进速系数 $J = 1.0$ 时,螺旋桨刚好不出现空泡,求此时船舶的航速。

7. 某港口内拖船,以 $V = 3$ kn 航速对"鹏德"号进行拖航进港,已知拖船轴系传递系列为 $\eta_s = 0.98$,相对旋转效率为 $\eta_R = 1.01$,螺旋桨效率为 $\eta_0 = 0.70$,伴流因数为 $w = 1.2$,推力减额因素为 $t = 1.1$。此时拖船自身航行阻力 $R_1 = 45$ kN,拖船的拖带力为 $R_f = 120$ kN,求此时主机的发出功率 P_s。

8. 简述船舶阻力的组成。

9. 简述船舶的航速与阻力的关系。

10. 简述螺旋桨的工作原理。

11. 简述调距螺旋桨的优缺点。

12. 名词解释:螺距、伴流、滑失速度、空泡现象。

第七章 船舶摇荡

各类船舶经常在波浪中航行。船舶在波浪中产生剧烈的往复摇荡运动时,会造成船速降低、货物和船体结构的损坏、船员晕船而影响工作,甚至使船舶倾覆等不利后果,对船舶安全有很大影响。

第一节 概 述

船舶摇荡是指船舶在风浪的作用下产生的一类运动,其共同特点是在平衡位置附近做周期性的摇荡。为了研究方便,将一般的摇荡运动分解为六种基本形式:船舶绕 x 轴在左右舷方向的往复转动称为横摇(rolling);船舶绕 y 轴在首尾方向的往复转动称为纵摇(pitching);船舶绕 z 轴首尾向左右方向的往复转动称为首摇(yawing);船舶沿 y 轴在左右舷方向的往复直线运动称为横荡(swaying);船舶沿 x 轴在首尾方向上的往复直线运动称为纵荡(surging);船舶沿 z 轴上下方向的往复直线运动称为垂荡(heaving)或称为升沉,如图 7-1 所示。

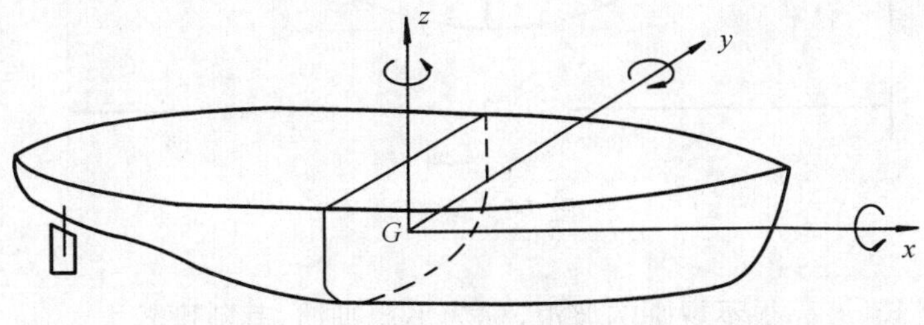

图 7-1　摇荡

船舶摇荡对船舶的航海性能和使用性能都有很大的影响，概括起来有以下几个方面：

（1）船舶横摇降低了船舶抗风能力，使外界作用力矩所导致的动倾角加大，降低了船舶的安全性，所以稳性规范规定在计算最小倾覆力矩时要考虑横摇的影响。

（2）船舶摇荡将增加船舶的阻力，恶化推进器的工作条件，使船速降低。有时为了减轻波浪对船底的砰击和避免纵摇时螺旋桨露出水面所导致的“飞车”恶果，不得不降低船速。

（3）当船舶摇荡时，一方面产生了附加惯性力，另一方面加强了波浪的打击作用，从而增加了作用在船体构件上的负荷。严重的纵摇和垂荡，易引起船首部砰击现象，使船首结构损坏；甲板上浪易使甲板机械损坏，恶化船员的工作条件，并使稳性下降。

（4）当摇荡剧烈时随之出现的晕船现象影响船员和乘客的生活和健康，同时也妨碍船员的工作以及仪表的正确使用。

实际上，上述六种基本摇荡产生的影响并不同等重要。一般来说，横摇最为剧烈，影响也最大。本章仅以横摇为例，引用理论分析的结论说明摇荡运动的规律以及减轻摇荡的途径。

要分析船舶在海浪中的摇荡规律，首先要了解波浪的基础知识。海上的波浪有规则波及不规则波两种基本形式，另有一种特殊形式的波——驻波对船舶安全也有特殊的影响。

（1）规则波

远处传来的或者大风停止后留下的具有比较规则波形的波浪称为规则波。规则波的波谷（trough）比较平坦，而波峰（crest）比较尖瘦，因而又称为坦谷波。在分析船舶在波浪中的摇荡运动时为使问题简化，一般认为规则波的波形为正弦波，如图 7-2 所示。表示正弦波形状及运动特征的要素如下：

波长 λ（wave length）——在波浪前进方向上，相邻两个波峰或相邻两个波谷之间的水平距离（m）。

波高 H（wave height）——是波浪最高点和最低点的垂直距离（m）。

陡度 H/λ（wave steepness）——海洋波浪的陡度一般为 1/40 ~ 1/30，最大可达 1/10。

波速 u（wave speed）——单位时间内波形前进的距离（m/s）。

$$u = 1.25\sqrt{\lambda} \tag{7-1}$$

波浪周期 τ（wave period）——波浪前进一个波长需要的时间（s）。

$$\tau = 0.8\sqrt{\lambda} \tag{7-2}$$

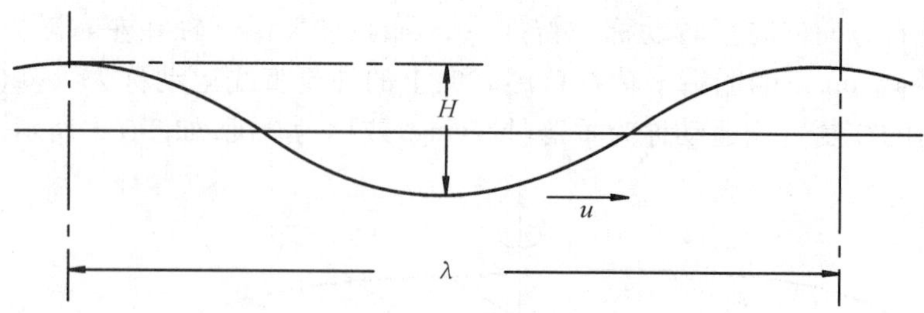

图 7-2 规则波

（2）不规则波

大风形成的波长、波高很不规则的波浪，称为不规则波，其陡度较大。

表示不规则波浪大小的指标是有义波高（significant wave height）：将水面上某一点在一段时间内观测到的波高，按大小依次排列，将其中 1/3 较大波高的平价值称为当时不规则波的有义波高,又称三一平均波高。

(3)驻波

两组波高、波长及波速相同、方向相反的波相遇相互干扰后,产生一些波速为零、波高做周期变化的停止波,称为驻波(standing wave)或称为三角浪。驻波的最大波高约为未相遇前原来波高的2倍,波浪陡度也大量增加。驻波对船舶安全有更大威胁。陡峭的海岸附近和台风中心急转处的海面可能出现驻波,在海流方向与风向相反的海况下有时也产生驻波。

第二节 横 摇

船舶在大风浪中的横摇摆幅比较大。因此对船舶的横摇应该给予更多的关注。

一、船舶在静水中的横摇

船舶在静水中的横摇特性,与在波浪中的横摇特性有很大关联。一般而言,水的阻力作用对船舶横摇周期的影响非常小。就船舶驾驶人员来讲,总是希望船舶摇摆得平稳、舒缓些,因此要增加摇摆时间。但增加横摇周期的有效方法是减小初稳性高度值,这一点与稳性的要求是相矛盾的。合理的解决办法是,根据船舶的用途和航区,在满足稳性要求的前提下,取尽可能小的 GM 值。因此,驾驶人员在制订配积载方案,确定重心位置及初稳性高度时,既要考虑对稳性的影响,也要考虑对摇摆的影响。一般都用下述近似公式估算船舶横摇固有周期。

$$T_\theta = \frac{CB}{\sqrt{GM}} \tag{7-3}$$

或

$$\left[\ T_\theta = 0.58f\sqrt{\frac{B^2 + 4z_g{}^2}{GM}}\ \right] \tag{7-4}$$

式中:C——系数,随船舶的类型而变,可按母型船的试验资料计算,一般在0.76~0.85之间,粗估时可取 $C=0.8$。

f——计及船宽型深比 B/D 影响的系数,按表7-1数据查取。

表7-1 f 值

B/D	≤2.5	3.0	3.5	4.0	4.5	5.0	5.5	6.0	6.5	≥7.0
f	1.00	1.03	1.07	1.10	1.14	1.17	1.21	1.24	1.27	1.30

我国《海船稳性规范》是采用式(7-4)来计算船舶横摇固有周期的,式中 GM 值应为未计及自由液面修正的初稳性高度。

横摇固有周期是船舶横摇的重要指标,与船舶在波浪上的摇摆运动密切相关。横摇固有周期越大,船舶在波浪上的摇摆越缓和。万吨级货船的横摇固有周期一般在8~13 s,有些情况下在13 s以上,千吨至万吨级的客船一般在10~16 s,渔船等小型船舶往往在4~8 s。

由于船舶重心位置随货种和配载的不同发生很大差异,这给驾驶人员了解稳性带来一定困难。根据理论研究与大量实地观察表明,船舶在不规则的海面上其横摇周期接近固有周期,因而可以把海上实测的周期作为船舶固有周期,然后由式(7-3)求得初稳性高度。这样就给航行中的船舶判断其稳性提供了一个可靠而简便的方法,对于中小型船舶,尤其是对渔船这样装载状态常变的船舶有很大意义。

二、船舶在波浪中的横摇

船舶在波浪中航行时,船舶的航向经常与波浪方向有一个波舷角 φ,如图 7-3 所示。由于船舶和波浪在做相对运动,船体周围波形的变化周期已经不是波浪周期。从第一个波峰由船上某一点过去,至第二个波峰又到达这一点的时间间隔,称为波浪遭遇周期 τ_e(period of encounter)。当 $\tau_e = T_\theta$ 时,船舶将发生强烈的横摇,称为谐摇(synchronous rolling)。谐摇对船舶的安全有严重威胁,必须尽量避免。为安全起见,通常取一个范围称为谐摇区,船舶在波浪中航行应尽量避开谐摇区,即

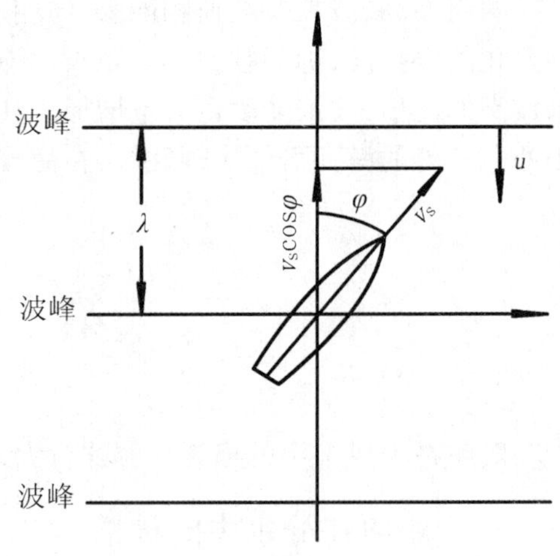

图 7-3 偏浪

$$\frac{T_\theta}{\tau_e} < 1.3 \tag{7-5}$$

波浪遭遇周期 τ_e 的计算式为

$$\tau_e = \frac{\lambda}{u + v_s\cos\varphi} \tag{7-6}$$

式中:λ——波长(m);

u——波速(m/s);

v_s——船速(m/s),前进为正倒车为负;

φ——波舷角(°),左舷右舷都取正值。

船舶顶浪航行时,$\varphi = 0$;船舶偏顶浪航行时,$\varphi < 90°$;船舶横浪航行时,$\varphi = 90°$;偏顺浪航行时,$\varphi > 90°$;顺浪航行时,$\varphi = 180°$。

波浪遭遇周期 τ_e 的大小,随航向及航速而变化。因此,当船舶处于谐摇区时,只要适当改变航向及航速,就可以改变波浪遭遇周期从而避开谐摇区。

三、船舶在不规则波中的横摇

不规则波的波长及周期变化很大,不规则波的陡度也比较大。根据理论分析和实际观测,在某一时间段内的不规则波中不可能所有波浪周期都同船舶的横摇周期相等。如当时海面大部分波浪周期与船舶的横摇周期相等或相近,船舶的横摇摆幅也会达到很大的数值,但比在规则波中谐摇时的摆幅要小一些。如果当时海面大部分的波浪周期与船舶的周期相差较远,但常常又可能有一小部分产生谐摇的波,再加上不规则波陡度较大的影响,船舶也会产生较大的横摇摆幅,或因为遇到个别特大的波浪而

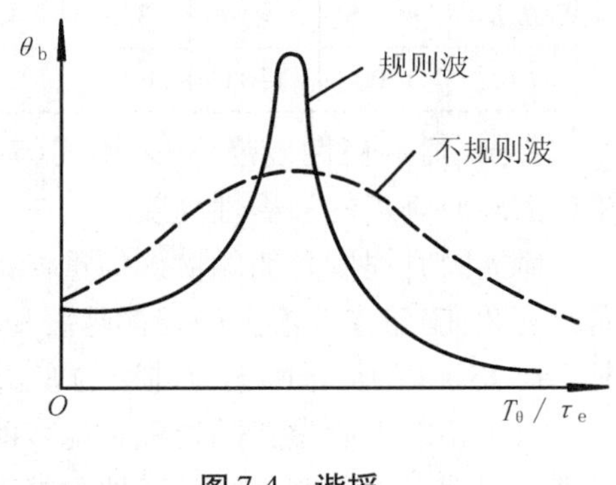

图 7-4 谐摇

产生相当大的横摇摆幅。总之,船舶在不规则波中产生谐摇的现象不明显,但产生较大横摇摆幅的范围明显增大,如图 7-4 所示。为减少横摇摆幅也必须注意选择适当的航向和航速。

根据分析和观测,在不规则波中,船舶的横摇周期接近于静水固有横摇周期。根据这个规律我们能够利用在不规则波中观测到的船舶横摇周期,去估算稳性高度 GM 的数值。船舶的横摇角超过 15°以后,稳性力矩 M_R 与横摇角 θ 不成比例,而且附连水的质量增大,船舶的横摇周期将相应增加,因而在波浪中测定横摇周期时,横摇角不应超过 15°,这样才能获得比较准确的结果。

四、船舶发生危险横摇的时机

(1)船舶处于谐摇区或以较大摆幅围绕正浮位置左右摇摆时,低舷突然受到强阵风或个别陡度特大的浪的作用时,会形成一个很大的动横倾力矩作用,船舶将产生不连续的大幅度急剧倾斜现象。

(2)由于货物绑扎不牢固发生移位,船舶产生一个较大的稳定横倾角 θ 以后,船舶在波浪中将大致以 θ 为中心左右摇摆。当船舶向正浮方向摇摆至最大角又开始向另一方向横摇时,如受到同向突风或个别大浪形成的突加大横倾力矩的作用,船舶也可能发生危险的大幅度横倾。

(3)稳性过低甚至稳性高度为负值产生自倾角以后,受到强阵风及个别大浪等突加力矩的作用,船舶也会产生危险性很大的突然倾斜。

(4)船舶在大风浪中向顶风转向过程中,船舶的里舷将受到相当大的风力及离心力的作用,如再遇到个别大浪形成使船舶向外倾斜的力矩,船舶转向过程中将出现如图 7-5 所示的情况。在三种力矩联合作用下船舶也可能发生突然倾斜甚至倾覆。

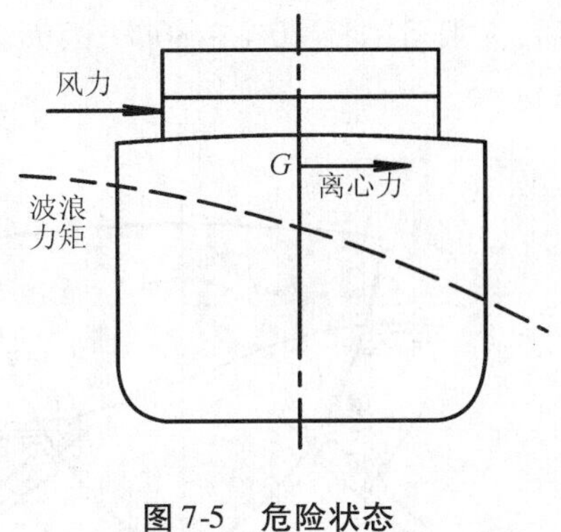

图 7-5　危险状态

船舶在波浪中发生突然大幅度横摇,轻者造成严重甲板上浪、舱室进水、破坏货物绑扎部件使货物移位,严重时将使船舶倾覆。

第三节　船舶减摇措施和装置

一、操纵管理方面的减摇措施

(1)在大风浪中航行时如发现处于谐摇区,可采取适当改变航向和航速的方法使船舶避开谐摇区。

(2)尽量避免使船舶正横受大风大浪的联合作用,应采取保持较小波舷角顶风顶浪或顺风顺浪航行。

(3)配载时严格保证船舶稳性,大风浪航行时注意关闭水密门窗,确保船舶的抗风浪能力。

(4)大风浪中转向应注意选择适当的时机。

(5)牢固绑扎防止货物移位。

二、减摇装置

减摇装置的种类很多,它们虽然在原理、结构上有较大差别,但其共同目的不外乎是产生附加的稳定力矩,减缓船舶的横摇。

1. 舭龙骨(bilge keel)

舭龙骨是民用船上使用最广泛的减摇装置。为增加横摇阻力,常在船中两舷舭部,布置板条状的舭龙骨,如图 7-6 所示。

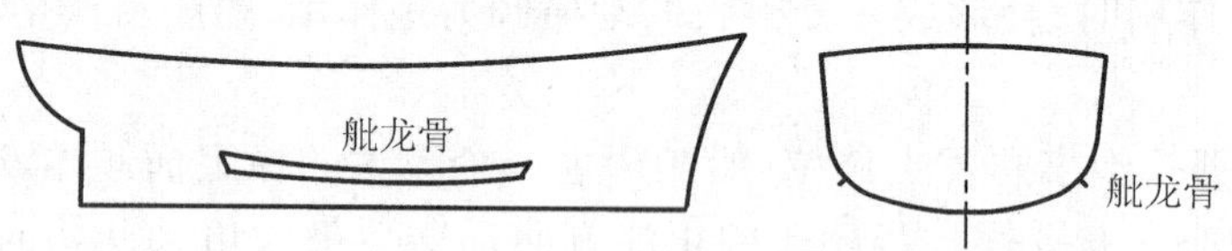

图 7-6 舭龙骨

舭龙骨的长度为船长的 1/3 ~ 1/2,舭龙骨的结构简单,减摇效果比较明显。装设舭龙骨后,一般可减摇 20% ~30%,因而船舶普遍使用舭龙骨。

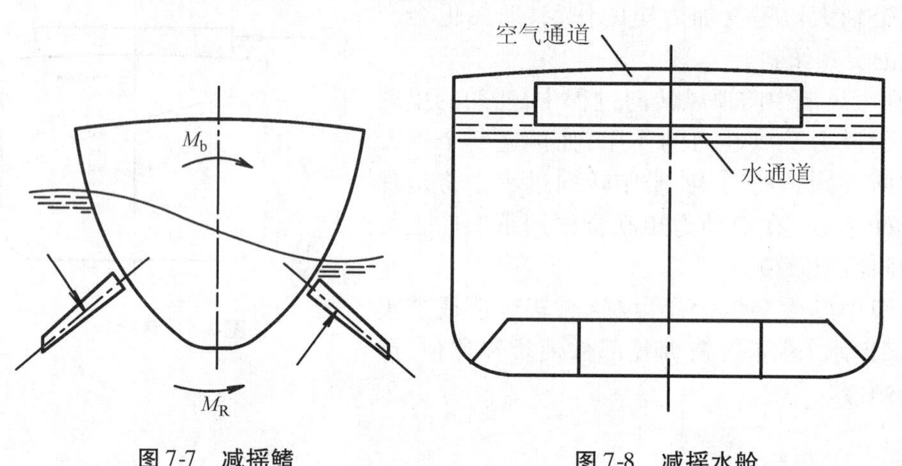

图 7-7 减摇鳍　　图 7-8 减摇水舱

2. 减摇鳍(stabilize fins)

如图 7-7 所示,减摇鳍装设在两舷水下舭部,它的形状类似瘦长的舵。船舶前进时转动减摇鳍使其与来流保持一定的冲角,使减摇鳍上产生一定的升力。船舶顺时针方向摆动时,调整冲角使两个减摇鳍的升力形成两个逆时针的力矩,以抵抗横摇减少摆幅;当船舶逆时针摇摆时,随即改变减摇鳍的角度,使其产生的升力形成两个顺时针方向的力矩。减摇鳍必须用一套自动控制装置,根据船舶摇摆方向随时调整减摇鳍冲角的大小和方向。减摇鳍可收入船内。减摇鳍的减摇效果显著,能使横摇摆幅减少 70% ~90%,但设备复杂造价较高,而且低速时效果不明显。

3. 减摇水舱(anti-rolling tanks)

如图 7-8 所示,减摇水舱分为主动式和被动式两种。主动式减摇水舱是利用水泵及自动控制装置,随着船舶的摇摆将一舷水舱里的水打向另一舷水舱,从而形成一个与横摇方向相反的力矩以减轻横摇。被动式减摇水舱是在船舶横摇时水由一舷的水舱通过管道自己流入另一舷的水舱。适当设计管道的流通面积和阻力,调节水的流速和流量,也可以利用两舷水舱水量的不同形成一个抵抗横倾的力矩。一般被动式减摇水舱可以减摇 30% ~40%。其优点是设备简单、造价低,在任何航速时都有一定效果。减摇水舱内的水为排水量的 1% ~2%。减摇水舱一般布置在船舶重心附近。它的缺点是存在自由液面,使船舶稳性降低。

习 题

1. 下列横摇周期最长的是(　　)。

A. 渔船　　B. 驱逐舰　　C. 万吨货船　　D. 邮轮

2. 下列不会影响船舶的横摇周期的是(　　)。

A. 水线面横向惯性矩　　B. 水线面纵向惯性矩

C. 吃水　　D. 型宽

3. 使用减摇鳍能减轻船舶横摇的主要原因是(　　)。

A. 延长横摇周期　　B. 滞后横摇惯性

C. 增大横摇阻尼　　D. 增大横摇惯性

4. 船舶设置减摇水舱的主要缺点是(　　)。

A. 腐蚀舱室　　B. 增大船舶阻力

C. 降低初稳性高　　D. 增加船舶自重

5. 不属于船舶大角度横摇的危害的是(　　)。

A. 甲板上浪　　B. 货物损坏

C. 舱室进水　　D. 液舱液体泄漏

6. 判断:船舶的初稳性高越大,横摇周期越长。(　　)

7. 判断:船舶在波浪中行驶,若船舶和波浪出现共振现象,可错开一定角度行驶。(　　)

8. 判断:舭龙骨或减摇鳍一般是全船贯通的。(　　)

9. 判断:船舶装有减摇鳍时会增大船舶的横摇周期。(　　)

10. 判断:船舶在大风浪中向顶风转向过程中,如有侧面的大浪,可能使船舶倾覆。(　　)

(　　)

11. 某波浪波长为 120 m,求其波速和波浪周期。(　　)

12. 某船满载出港时 $GM = 1.1$ m,测得其横摇周期为 15 s,航行途中测得其横摇周期为 19 s,估算其现在的稳性高度。

13. 某船排水量为 45 000 t,船宽 $B = 25$ m,$GM = 0.76$ m,估算其横摇周期为多少?如将 200 t 的货物从 $z_1 = 15$ m 处移动到 $z_2 = 3$ m 处,求移动货物后的横摇周期是多少?

14. 简述船舶危险横摇发生的时机。

15. 简述减摇鳍的减摇原理。

附录1 纵倾及稳性计算

该计算用所附的空白表格“纵倾及稳性计算表格1、2及3”进行。

首先,重量、重心和力矩分布用“纵倾及稳性计算表格1”进行计算;然后,纵倾和稳性计算依照“纵倾及稳性计算表格2、3”进行。

1. 将货物、油、淡水及压载水等的重量填入第(1)列,并将每一重量的重心位置,即纵向重心距艉垂线的距离LCG,横向重心距船体中心线的距离TCG,垂向重心距基线的距离VCG分别填入第(2)、(4)和(6)列,每个舱内货物的LCG,TCG和VCG从“舱容表”查得。

2. 把第(1)列的值与第(2)或(4)、(6)列的值相乘,所得的结果填入第(3)或(5)、(7)列,作为每一重量的纵向(或横向、垂向)矩。

3. 把自由页面矩“FRSM”(液体密度与该液舱自由表面惯性矩的乘积)填入第(8)列。每个舱相对其他装载的惯性矩也由“舱容表”查得。

4. 总的重量、纵向矩、横向矩、垂向矩以及自由液面惯性矩填入“纵倾及稳性计算表格2”。然后把(1)′、(3)′和(5)′列分别求和,并填入底行。这些数据分别表示排水量对艉垂线的纵向矩、对船体中心线的横向矩、对基线的垂向矩以及总的自由液面影响。

5. 计算工况的重心可以按如下公式求得:

$LCG = \sum(3)'/\sum(1)'$;

$TCG = \sum(5)'/\sum(1)'$;

$VCG(KG) = \sum(7)'/\sum(1)'$。

6. 该工况下的纵倾和吃水可以按如下公式求得:

纵倾:$TRIM = DISP \times (LCG - LCB) / (100 \times MTC)$ (m);

尾吃水:$TA = TM - TRIM \times LCA / LPP$ (m);

首吃水:$TF = TM + TRIM \times (LPP - LCA) / LPP$ (m);

平均吃水:$TM = (TF + TA) / 2$ (m)。

其中:T为根据排水量的“静水力数值表”查得的吃水。当海水的密度(SG)与标准值1.025不同时,T、MTC、LCG和LCA对应“静水力数值表”中修正后的排水量($D' = D \times 1.025/S.G$)。

7. 船的完整初稳性高度GM计算如下:

$GM = GM_0 + GM_{corr}$ (m);

$GM_0 = KM - KG$ (m);

$GM_{corr} = -\sum(FRSM) / DISP$ (m)。

其中:GM:根据自由液面影响修正后的初稳性高度;

GM_0:不考虑自由液面修正的完整初稳性高度;

KM:“静水力数值表”中对应该排水量的横稳心高;

KG:“纵倾及稳性计算表格2”中得到的垂向重心距基线的高度(VCG);

GM_{corr}:自由液面的影响对初稳性高度的修正;

$\sum(FRSM)$:“纵倾及稳性计算表格2”中得到的总自由液面的力矩。

8. 船的横倾角度可按如下方法求得：

横倾角 = arctan(∑ (T. mom.) / (DISP × GM)) = arctan(TCG/GM)。

9. 船的初稳性曲线可用如下的方法求得：

$GZ = KN - KG' \times \sin\theta$；

$KG' = KG - KG_{corr}$；

$KG_{corr} = \sum(FRSM) / DISP$。

其中：GZ——复原力臂；

KN——当假定船的重心高度在基线时的复原力臂(见“稳性横截曲线表”)；

KG′——考虑自由液面修正后的距基线的垂向重心；

KG——距基线的垂向重心(VCG)，从“纵倾及稳性计算表格 2”得到；

KG_{corr}——考虑自由液面影响增加的重心高；

∑(FRSM)——总自由液面的矩，从“纵倾及稳性计算表格 2”得到。

稳性曲线计算用“纵倾及稳性计算表格 3”进行。以 GZ 为纵坐标、θ 为横坐标画点，然后用光顺曲线把这些点连接起来，这样就得到了静稳性曲线。

10. 关于自由液面修正

对所有工况，初稳性高度及复原力臂曲线要根据自由液面的影响进行修正。

计算液舱的自由液面影响时，假定对每种液体，至少计入具有最大自由液面(单独或合起来)的一对横向边舱或中心线上的单个液舱的影响。

在航行途中压载舱被注满或排空的过程中，需要计入出现的最不利的自由液面情况的影响，这就要求只存在一个或一对有自由液面的舱，如果情况并非如此，修正的数值就要相应增大。

纵倾及稳性计算表格 1

(载重量分布详情)

工况：________________

	Weight (t) (1)	LCG (m) (2)	L. Moment (t·m) (3) = (1) × (2)	TCG (m) (4)	T. Moment (t·m) (5) = (1) × (4)	VCG (m) (6)	V. Moment (t·m) (7) = (1) × (6)	FRSM (t·m) (8)
货舱 Bulk Cargo								
No. 1 货舱								
No. 2 货舱								
No. 3 货舱								
No. 4 货舱								
No. 5 货舱								
小计								
燃料油舱 Heavy Fuel Oil								
No. 1 燃油舱(左)								
No. 1 燃油舱(右)								
No. 2 燃油舱(左)								

续表

	Weight (t) (1)	LCG (m) (2)	L. Moment (t·m) (3) = (1) × (2)	TCG (m) (4)	T. Moment (t·m) (5) = (1) × (4)	VCG (m) (6)	V. Moment (t·m) (7) = (1) × (6)	FRSM (t·m) (8)
No. 2 燃油舱(右)								
No. 1 燃油澄清舱								
No. 2 燃油澄清舱								
No. 1 燃油日用舱								
No. 2 燃油日用舱								
小计								
滑油舱 Lubricating Oil								
主机滑油循环舱								
主机滑油储藏舱								
主机滑油澄清舱								
辅机滑油储藏舱								
辅机滑油澄清舱								
No. 1 气缸油储藏舱								
No. 1 气缸油储藏舱								
小计								
淡水舱 Fresh Water								
淡水舱(左)								
淡水舱(右)								
小计								
混合舱 Miscellaneous Tanks								
冷却水舱								
生活污水舱								
油渣舱								
燃油泄放舱								
燃油溢流舱								
滑油泄放舱								
舱底水分离油舱								
舱底水分存舱								
尾管滑油泄放舱								
小计								
压载水舱 Ballast Water								
艏尖舱								
艉尖舱								
No.1 底边压载水舱(左)								

续表

	Weight (t) (1)	LCG (m) (2)	L. Moment (t·m) (3)=(1)×(2)	TCG (m) (4)	T. Moment (t·m) (5)=(1)×(4)	VCG (m) (6)	V. Moment (t·m) (7)=(1)×(6)	FRSM (t·m) (8)
No.1 底边压载水舱(右)								
No.1 顶边压载水舱(左)								
No.1 顶边压载水舱(右)								
No.2 – No.5 …								
小计								
其余 Others								
人员及行李								
供应品								
备品								
总计								

纵倾及稳性计算表格2

（载重量分布汇总）

工况：________________

	Weight (t) (1)′	LCG (m) (2)′	L. Moment (t·m) (3)′=(1)′×(2)′	TCG (m) (4)′	T. Moment (t·m) (5)′=(1)′×(4)′	VCG (m) (6)′	V. Moment (t·m) (7)′=(1)′×(6)′	FRSM (t·m) (8)′
货物								
燃料油								
柴油								
滑油								
淡水								
压载水								
混合舱								
人员及行李								
供应品								
备品								
载重量								
空船重量								
排水量								

纵倾及稳性计算表格 3

（稳性曲线）

工况：______________________________

排水量：　　　　　　　修正后的重心高 KG ′ =　　　　　　　KN =

θ (°)	sinθ (1)	KG ′ × sinθ (m) (2) = KG ′ × (1)	KN (m) (3)	GZ (m) (4) = (3) - (2) × (1)
10°	0.173 65			
20°	0.342 02			
30°	0.500 00			
40°	0.642 79			
50°	0.766 04			
60°	0.866 03			
70°	0.939 69			
80°	0.984 81			

附录 2　典型工况下的稳性衡准及强度校核

(“鹏安”号均质货出港,吃水 11.7 m,$SF=1.319\ m^3/t$)

1. 装载说明

(1)本船货舱的装载必须满足“许用载货量曲线”的要求。

(2)本船不允许在甲板和货舱舱口盖上装载货物。

(3)本船无多港口装/卸工况。

(4)除谷物装载手册列明的典型工况外,仅允许均匀装载,相邻货舱的装载率差异不得超过20%,不允许间隔装载。

2. 英文符号说明

英文符号	含义	单位
T	型吃水	m
Trim	纵倾	m
Heel	横倾角度	°
TA	尾吃水	m
TF	首吃水	m
Trimming moment	纵倾力矩	t · m
KM	初稳性高	m
KG0	重心高	m
GM0	初稳性高度	m
GMCORR	初稳性高度的修正值	m
GM	修正自由液面后的初稳性高度	m
KG	修正自由液面后的重心高度	m
Keel Thickness	龙骨板厚	m
Draught moulded even-keel corresponding to displacement, TM	此排水量对应的平吃水,TM	m
Invisible line of sight from bridge	驾驶室处不可见视线长度	m
Propeller immersion ratio	螺旋桨浸没率	%
Forward draught (bottom slamming)	首吃水(船首砰击)	m
Load Condition	装载工况	
Crew and Luggage	船员及行李	
Diesel Oil	柴油	

英文符号	含义	单位
Fresh Water	淡水	
Heavy Fuel Oil	燃料油	
Lubricating Oil	润滑油	
Miscellaneous	杂舱油水	
Provision	供应品	
Spare	备品	
Bulk Cargo	散货	
Water Ballast	压载水	
Fill	装满程度	%
LCG	重心纵向坐标	m
TCG	重心横向坐标	m
VCG	重心垂向坐标	m
FRSM	自由液面矩	t·m
Light Weight	空船重量	t
Dead Weight	载重量	t
Total Weight	总重量=排水量	t
STILL WATER BENDING MOMENT AND SHEAR FORCE	静水弯矩和剪力	
Shear Force	剪力	t
Sagging Moment	中垂弯矩	t·m
Hogging Moment	中拱弯矩	t·m
Frame	肋位值	#
Bmrel	总纵强度(弯矩)	%
Shrel	总纵强度(剪力)	%

3. 油水、人员和备品等(出港,油水、供应品100%)

NAME	DES	WEIGHT (t)	FILL (%)	LCG (m)	TCG (m)	VCG (m)	FRSM (t·m)
C. Heavy Fuel Oil (RHO=0.991 t/m^3)							
R3.01P	No.1 HFO TK(P)	263.4	98.0	36.245	12.311	16.018	384.6
R3.01S	No.1 HFO TK(S)	277.3	98.0	35.810	−12.311	16.018	404.9
R3.02P	No.2 HFO TK(P)	60.1	98.0	19.836	14.222	14.755	0.0
R3.02S	No.2 HFO TK(S)	213.9	98.0	17.479	−12.392	13.424	0.0
R3.11	No.1 HFOSETT TK	32.4	98.0	17.690	11.017	10.431	0.0

NAME	DES	WEIGHT (t)	FILL (%)	LCG (m)	TCG (m)	VCG (m)	FRSM (t·m)
R3.12	No.2 HFO SETT TK	33.1	98.0	10.480	10.017	10.508	0.0
R3.21	No.1 HFO SERV TK	25.5	98.0	15.436	10.855	10.430	0.0
R3.22	No.2 HFO SERV TK	23.8	98.0	13.387	10.675	10.431	0.0
TOTAL OF C. Heavy Fuel Oil		929.5		28.015	-0.804	14.652	789.5
D. Diesel Oil (RHO = 0.85 t/m³)							
R4.01	MDO TK	67.2	98.0	15.220	-8.610	14.715	27.5
R4.11	MDO SETT TK	28.8	98.0	19.320	-8.610	14.715	0.0
R4.21	MDO SERV TK	19.2	98.0	21.370	-8.610	14.715	0.0
TOTAL OF D. Diesel Oil		115.3		17.270	-8.610	14.715	27.5
E. Lubricating Oil (RHO = 0.9 t/m³)							
R5.01	LO SUMP TK	21.0	98.0	18.090	0.000	1.006	13.6
R5.11	ME LO STOR TK	28.6	98.0	9.890	-9.430	14.409	0.0
R5.21	ME LO SETT TK	19.1	98.0	9.890	-7.830	14.409	0.0
R5.31	AE LO STOR TK	10.2	98.0	9.802	-12.505	14.990	0.0
R5.41	AE LO SETT TK	10.2	98.0	9.802	-11.275	14.990	0.0
R5.51	NO.1 CYL LO TK	14.3	98.0	14.810	11.070	14.409	0.0
R5.52	NO.2 CYL LO TK	14.3	98.0	13.170	11.070	14.409	0.0
TOTAL OF E. Lubricating Oil		117.8		12.335	-2.863	12.115	13.6
F. Fresh Water (RHO = 1 t/m³)							
R6.01P	FW TK(P)	142.2	100.0	3.409	10.235	15.076	149.6
R6.01S	FW TK(S)	142.2	100.0	3.409	-10.235	15.076	149.6
TOTAL OF F. Fresh Water		284.4		3.409	0	15.076	299.2
G. Miscellaneous (RHO = 1 t/m³)							
R7.01	COOLW TK	36.6	100.0	7.864	0.000	6.178	0.0
R7.02	SEWAGE TK	23.4	30.0	8.000	12.192	13.066	49.2
R7.03	SLUDGE TK	7.6	30.0	24.154	10.980	7.553	121.9
R7.04	FO DRAIN TK	6.8	30.0	25.304	-2.181	0.414	31.2
R7.05	FO OVERFL TK	6.7	30.0	25.304	2.178	0.411	30.1
R7.06	LO DRAIN TK	3.8	30.0	20.987	-2.178	0.694	4.0
R7.07	SEP OIL TK	4.8	30.0	21.526	2.762	0.677	6.0
R7.08	BILGE TK	4.9	30.0	11.215	0.000	0.483	12.6
R7.09	ST LO DRAIN TK	1.9	30.0	9.213	0.000	0.620	3.3

NAME	DES	WEIGHT (t)	FILL (%)	LCG (m)	TCG (m)	VCG (m)	FRSM (t·m)
TOTAL OF G. Miscellaneous		96.5		13.004	3.850	6.262	258.2
J. Provision(RHO = 1 t/m³)							
(PROV)	PROVISION	20.0	0.0	9.200	−8.700	18.300	0.0
K. Crew and Luggage (RHO = 1 t/m³)							
(CREW)	CREW	2.1	0.0	16.180	0.000	24.700	0.0
TOTAL		1 565.5		20.393	−1.200	14.086	1 388.0

4. 一览表

项目		单位	量值
CARGO		t	62 928.0
WB		t	0.0
HFO		t	929.5
MDO		t	115.3
LO		t	117.8
FW		t	284.4
MIS		t	96.5
PROV		t	20.0
CREW		t	2.1
OTHER		t	0.0
LIGHT WEIGHT		t	11 392.0
DEAD WEIGHT		t	64 493.6
DISPLACEMENT		t	75 885.6
T		m	11.684
TF		m	11.259
TA		m	12.108
TRIM		m	−0.849
HEEL		DEG	−0.2
TM		M	11.700
VISIBILITY	≤450	m	139.3
PROPELLER IMM	≥100	%	183.3
~FLOATING CHECK			OK
BMREL	≤100	%	42.5
SHREL	≤100	%	80.6
~STRENGTH CHECH			OK
KMT		m	14.160
KG0		m	10.053
GM0		m	4.107
GMCORR		m	0.018
GM		m	4.088
KG		m	10.071
MAXKG		m	12.857
~STABILITY CHECK			OK

5. 装载工况(均质货出港,吃水 11.7 m,$SF = 1.319\ m^3/t$)示意图

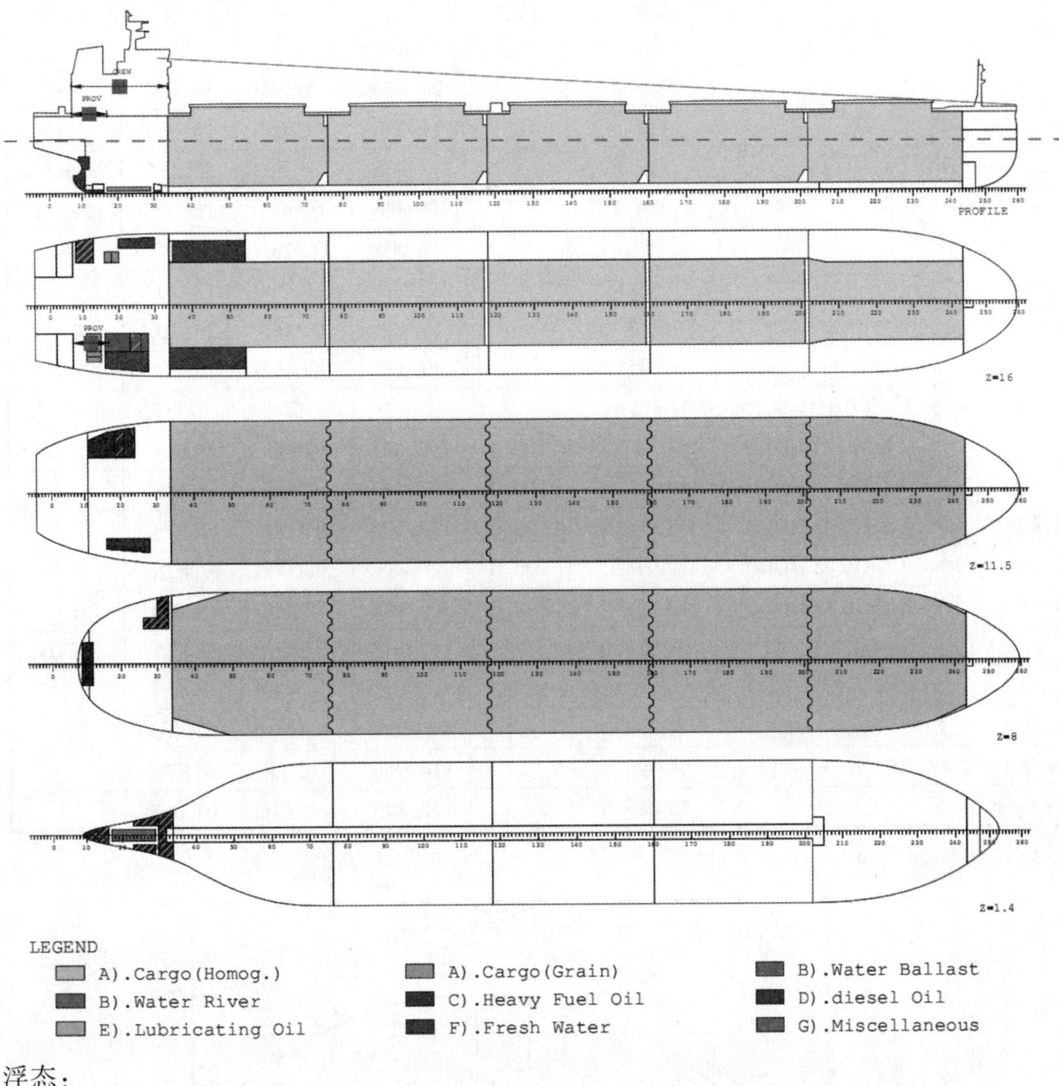

浮态:

T	11.684	m	KM	14.16	m
Trim	−0.849	m	KG0	10.05	m
Heel	−0.2	deg	GM0	4.11	m
TA	12.108	m	GMCORR	−0.02	m
TF	11.259	m	GM	4.09	m
Trimming Moment	−104 909	t · m	KG	10.07	m
Keel Thickness	0.018	m			

平吃水:TM = 11.7 m。

驾驶台视线距离:139.3 m,≤450 m(IMO 规定要小于两倍船长),合格。

推进器浸深比:183%,≥100%,合格。

首吃水:11.26 m。

NAME	DES	WEIGHT (t)	FILL (%)	LCG (m)	TCG (m)	VCG (m)	FRSM (t·m)
C. Heavy Fuel Oil		929.5		28.015	−0.804	14.652	789.5
D. Diesel Oil		115.3		17.270	−8.610	14.715	27.5
E. Lubricating Oil		117.8		12.335	−2.863	12.115	13.6
F. Fresh Water		284.4		3.409	0.000	15.076	299.2
G. Miscellaneous		96.5		13.004	3.850	6.262	258.2
J. Provision		20.0		9.200	−8.700	18.300	0.0
K. Crew and Luggage		2.1		16.180	0.000	24.700	0.0
Total of Bunkers and Equipment		1 565.5		20.393	−1.200	14.086	1 388.0
A. Cargo (Homog.) (RHO = 0.757 35 t/m^3)							
R1.01	No.1 CARGO HOLD	11 737.1	100.0	190.043	0.000	9.822	0.0
R1.02	No.2 CARGO HOLD	12 974.1	100.0	154.513	0.000	9.828	0.0
R1.03	No.3 CARGO HOLD	12 974.1	100.0	117.973	0.000	9.828	0.0
R1.04	No.4 CARGO HOLD	12 974.1	100.0	81.433	0.000	9.828	0.0
R1.05	No.5 CARGO HOLD	12 268.7	100.0	45.642	−0.000	10.071	0.0
Total of A. Cargo (Homog.)		62 928.0		117.313	0.000	9.875	0.0
Lightweight		11 392.0		96.405	0.059	10.485	
Deadweight		64 493.6		114.960	−0.029	9.977	
Total weight		75 885.6		112.175	−0.016	10.053	

6.稳性曲线及衡准

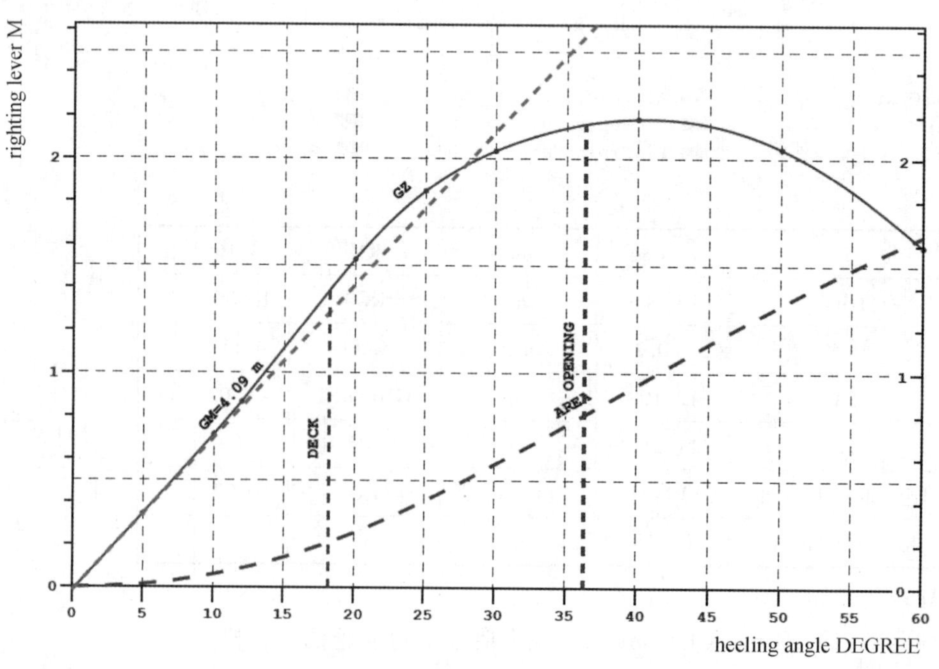

GZ 曲线数据表

HEEL (°)	KN (m)	$KG_0 * \sin(HEEL)$	FSMOM (t·m)	DGZ (m)	GZ (m)	AREA (rad * m)
0.0	-0.001	0.000	0.0	0.000	-0.017	0.000
5.0	1.235	0.876	121.0	0.002	0.342	0.014
10.0	2.476	1.746	241.0	0.003	0.711	0.060
12.0	2.974	2.090	288.6	0.004	0.865	0.087
20.0	4.989	3.438	474.7	0.006	1.529	0.255
25.0	6.120	4.249	586.6	0.008	1.849	0.403
30.0	7.087	5.027	694.0	0.009	2.038	0.573
40.0	8.672	6.462	892.2	0.012	2.186	0.946
50.0	9.772	7.701	1 063.2	0.014	2.046	1.320
60.0	10.320	8.706	1 202.0	0.016	1.590	0.641

衡准：

TEXT	REQ	ATTV	UNIT	STAT	MOMNT t·m
IMO：GM > 0.15 m	0.150	4.088	m	OK	0
IMO：Area under GZ curve up to 30 deg.	0.055	0.574	m·rad	OK	0
IMO：Area under GZ curve up to 40 deg.	0.090	0.807	m·rad	OK	0
IMO：Area under GZ curve between 30 and 40	0.030	0.233	m·rad	OK	0
IMO：GZ > 0.2 at heel > 30 deg.	0.200	2.162	m	OK	0
IMO：Max GZ at an angle > 25 deg.	25.000	36.332	deg	OK	0
IMOW：AREA b > a	1.000	2.977		OK	1 856
IMOW：residual freeboard = min(16,20% FRB)	14.564	0.468	deg	OK	1 237
Minimum GM of damage stability	1.303	4.088	m	OK	0

Moment due to wind pressure (name：PROFILE) (= 2 121 × 11.35) 24 075 m^3

Immersion of deck edge at 18.2°.

Immersion of unprotected opening at 36.3°.

7. 强度校核

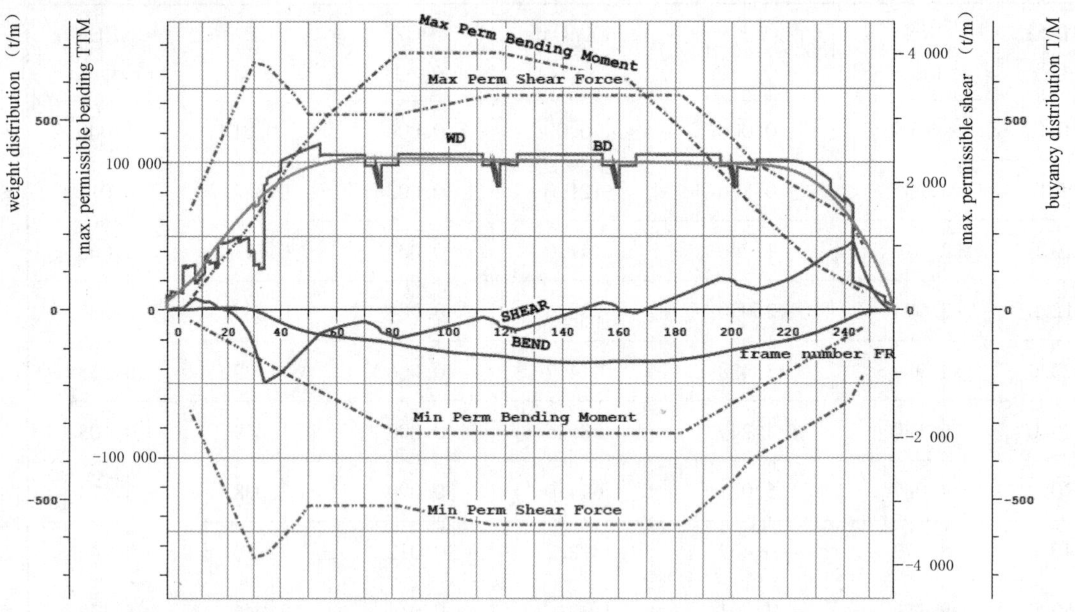

静水弯矩和剪切力：

						X	FRAME
SHEAR FORCE (MIN)		-1 131.0	t	(29.5%)	POSITION	27.1 m	34
SHEAR FORCE (MAX)		1 078.5	t	(80.6%)		208.9 m	243
SAGGING MOMENT		-35 538.9	t·m	(42.5%)		123.9 m	145
HOGGING MOMENT		1 560.8	t·m	(4.1%)		15.2 m	20
FR \#	X m	BEND t·m	BMREL %	SHEAR t	SHREL %	WD t/m	BD t/m
11	8.25	1042	5.4	123	5.9	97.0	123.0
34	27.11	-2 854	8.2	-1 131	29.5	109.8	307.9
76	63.65	-21 128	27.2	-346	11.3	324.4	400.5
118	100.19	-31 144	37.2	-252	7.5	326.9	395.8
160	136.73	-34 594	41.4	0	0.0	323.8	391.0
202	173.27	-26 427	42.9	395	15.2	325.4	386.2
243	208.94	-4 786	29.8	1 078	80.6	275.8	232.0

MAX % of permissible bending moment: 50.2%

MAX % of permissible shear force: 80.6%

参考文献

[1]中国船级社. 钢质海船入级规范.北京：人民交通出版社,2012.

[2]中国船级社. 材料与焊接规范.北京：人民交通出版社,2012.

[3]中华人民共和国海事局. 国内航行海船法定检验技术规则. 北京:人民交通出版社,2011.

[4]中华人民共和国海事局. 国际航行海船法定检验技术规则. 北京:人民交通出版社,2011.

[5]蒋维清. 船舶原理. 大连:大连海事大学出版社,1998.

[6]沈华. 船舶稳性与强度计算. 大连:大连海事大学出版社,2001.

[7]荀治国,郭春兰. 船舶原理. 北京：人民交通出版社,2000.

[8]刘雪梅. 船舶原理. 哈尔滨:哈尔滨工程大学出版社,2005.